# BIENVEN
# EN ÉQUAT

*Sur les rives du Río Napo, environs de Coca.*

D'une superficie comparable à celle de la moitié de la France, l'Equateur est certes le plus petit des pays andins mais pourtant si grand par sa beauté, ses paysages et sa culture ! L'Equateur est une de ces découvertes uniques qui ne laissent personne indifférent. Niché entre le Pérou et la Colombie, le pays est façonné par le mélange de cultures indigènes et coloniales. Quito, perchée à 2 800 mètres d'altitude, possède un des cœurs historiques les mieux conservés d'Amérique du Sud. Mais Quito, c'est aussi une ville nouvelle, où l'on aime faire la fête et sortir tard. Après avoir visité la capitale, départ pour l'Avenue des volcans, cette descente à travers les Andes est l'occasion de découvrir les nombreux villages blottis à leurs pieds. C'est le moment de prendre de l'altitude mais surtout plein les yeux : du Cotopaxi au Chimborazo, en passant par la belle lagune de Quilotoa, on pourra continuer vers l'Amazonie, entre les confins de la Sierra à l'ouest et le Pérou à l'est, l'Amazonie Equatorienne possède de nombreux sites encore inoccupés par l'homme. Si elle fascine par sa biodiversité, elle intéresse aussi pour la richesse de ses sols : la réserve de Yasuni a fait beaucoup parler d'elle dans le cadre du projet du même nom. A l'ouest, il y en a pour tout le monde, entre villages de pêcheurs, stations balnéaires et spots de surf ! Enfin, comment ne pas évoquer les Galápagos ? Un séjour sur ces îles au nom idyllique est encore un voyage dans le voyage.

*José Luis Pichamba et sa famille, ardents défenseurs de la culture d'Otavalo.*

# SOMMAIRE

## DÉCOUVERTE



## VISITE

## PENSE FUTÉ

COLOMBIE
Galapagos
EQUATEUR
0 km
25
50
75
100 km
San Lorenzo
Rioverde
Esmeraldas
Atacames
Same
Sua
Rosa Zarate
Muisne
Mompiche
Cojimies
Pedernales
Jama
Canoa
Bahia de Caraquez
San Vicente
Chone
San Clemente
San Jacinto
Crucita
Manta
Jaramijo
Rocafuerte
Montecristi
Puertoviejo
Puerto Cayo
Jipijapa
Los Frailes
Olmedo
Balzar
Colimes
Palenque
Vinces
Velasco Ibarra
Quevedo
La Mana
Flavio Alfaro
El Carmen
Santo Domingo de los Colorados
Puerto Quito
San Miguel de los Bancos
Rio Blanco
Guagua Pichincha 4675 m.
PICHINCHA
ESMERALDAS
MANABI
LOS RIOS
BOLIVAR
COTOPAXI
TUNGURAHUA
IMBABURRA
CARCHI
NAPO
SUCUMBIOS
ORELLANA
PASTAZA
Tulcan
Ibarra
Cotacachi
Cotacachi 4944 m.
Imbabura 4636 m.
Otavalo
Cayambe 5790 m.
San Antonio
Calderon
QUITO
Sincholagua 4898 m.
Papallacta
Rio Quijos
Baeza
Antisana 5753 m.
Cosanga
Machachi
Iliniza Norte 5120 m.
Iliniza Sur 5248 m.
Rumiñahui 4712 m.
Saquisili
Latacunga
Pujili
Ambato
Salinas
Carihuayrazo 5020 m.
Echeandia
Chimborazo 6310 m.
Guaranda
Baños de Agua Santa
Tungurahua 5029 m.
Sta. Clara
Mera
Puyo
Arajuno
Archidona
Tena
Puerto Misahualli
Rio Napo
Loreto
El Coca
Lumbaqui
Nuevo Loja
Rio Aguarico
Shushufindi
La Joyade de los Sachas
Tarapoa
Rio Yasuni
Nuevo Rocafuerte

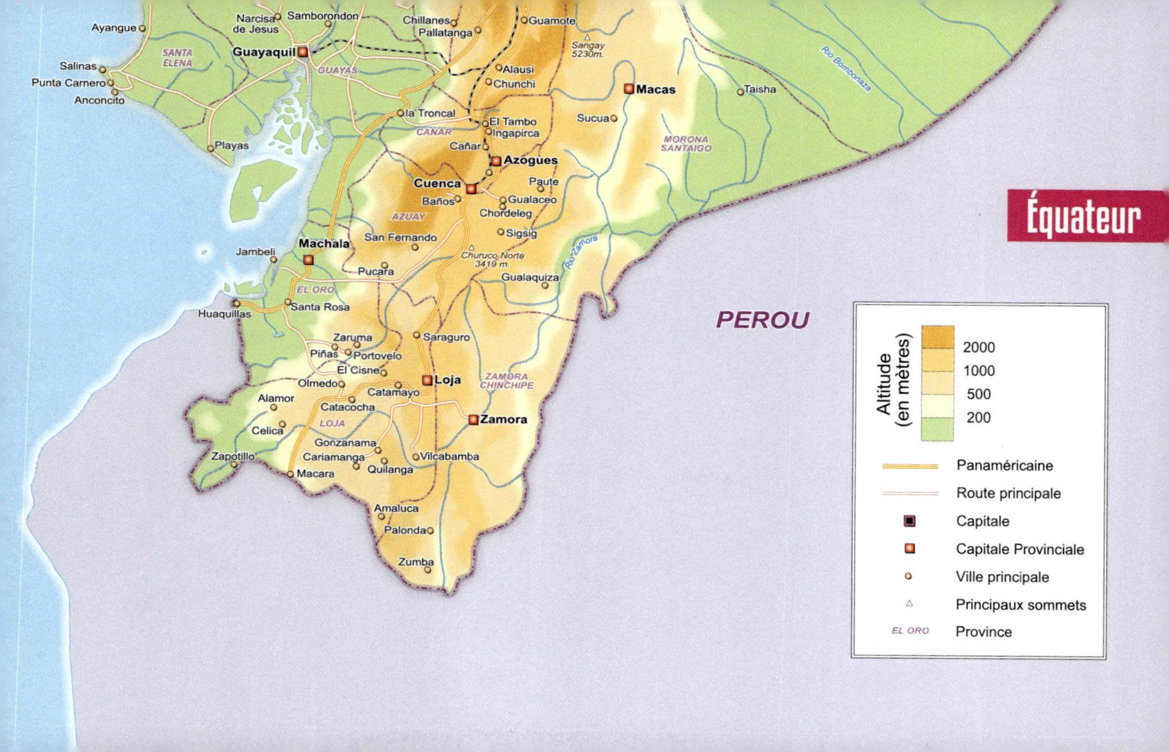
Ayangue
Narcisa de Jesus
Samborondon
Chillanes
Pallatanga
Guamote
Sangay 5230m.
Salinas
Punta Carnero
Anconcito
SANTA ELENA
Guayaquil
GUAYAS
Alausi
Chunchi
Rio Bombonaza
Macas
Taisha
la Troncal
El Tambo
Ingapirca
CAÑAR
Sucua
Cañar
MORONA SANTAIGO
Playas
Azogues
Cuenca
Paute
Baños
Gualaceo
Chordeleg
AZUAY
Sigsig
San Fernando
Machala
Jambeli
Churuco Norte 3419 m.
Rio Zamora
Pucara
Gualaquiza
EL ORO
Huaquillas
Santa Rosa
PEROU
Zaruma
Saraguro
Piñas
Portovelo
El Cisne
Loja
ZAMORA CHINCHIPE
Olmedo
Alamor
Catamayo
Catacocha
Zamora
LOJA
Celica
Gonzanama
Zapotillo
Cariamanga
Vilcabamba
Macara
Quilanga
Amaluca
Palonda
Zumba
Altitude (en mètres)
2000
1000
500
200
Panaméricaine
Route principale
Capitale
Capitale Provinciale
Ville principale
Principaux sommets
EL ORO
Province

Lago San Pablo.

# DÉCOUVERTE

# LES PLUS DE L'ÉQUATEUR

## Les espaces infinis

Malgré sa petite taille, l'Equateur dégage une impression d'espace et de grandeur dans chacune de ses régions. Traversant le pays du nord au sud, la majestueuse cordillière des Andes (ou Sierra) s'étend à la fois en vastes plaines verdoyantes, en lagunes colorées, en volcans aux cîmes enneigées et en plantations dont les damiers grignotent les flancs de vallées escarpées. Sur la côte Pacifique, d'Esmeraldas à Salinas, de longues étendues de sable doré ou gris bordent des falaises abruptes. Enfin, couvrant près de la moitié du territoire, l'Amazonie renferme d'immenses forêts, denses et tropicales, dans lesquelles les animaux sont rois.

## L'Amazonie mythique

L'Oriente est un monde dense et inextricable d'où l'on ne revient pas indemne. Une telle aventure sur le territoire amazonien marque les esprits à jamais tant les sensations sont décuplées et les découvertes nombreuses. Végétation exubérante et faune extraordinaire, atmosphère tranquille en apparence qui peut se révéler angoissante... la forêt est l'un des derniers sanctuaires de la vie sauvage encore en sursis, mais pour combien de temps ? Dans ce monde à part, vous pourrez apercevoir anacondas, boas, caïmans, piranhas, dauphins d'Amazonie, tarentules, singes, toucans, pléthore d'oiseaux multicolores, et peut-être même paresseux, jaguars et autres animaux rares. A condition, bien sûr, de s'enfoncer en profondeur dans la forêt.L'Amazonie, c'est aussi le berceau de certaines ethnies ancestrales – Secoya, Siona, Huaorani, Quechuas, Mantas, Záparo, Shuar, Huancavilcas et Cófan – qui tentent, envers et contre tout, de résister aux travers de la civilisation moderne. Les anthropologues en herbe auront ainsi l'opportunité de se familiariser avec leur mode de vie, en harmonie avec la nature, ainsi qu'avec leur savoir-faire médicinal et leurs traditions chamaniques... Partager la *chicha* (boisson typique), chasser à la sarbacane ou consulter un chaman sont autant d'aventures inoubliables à vivre dans ce lieu unique.

## Une biodiversité sous haute surveillance

Ces dernières années, le pays a pris conscience de la richesse extraordinaire de sa faune et de sa flore, et de nombreuses zones naturelles sont désormais protégées. Depuis peu, autorités locales, associations et fondations privées redoublent de vigilance. Ainsi, les parcs et réserves nationales mettent à l'abri de l'avidité et de l'agressivité humaine bon nombre d'espèce végétales et animales. De la jungle à la Sierra en passant par les Galápagos, les amoureux de la Nature s'en donneront à cœur joie. Sans oublier de faire un détour par la réserve ornithologique de Mindo, située dans la province de Pichincha, où sont recensées plus de 300 espèces d'oiseaux.

## L'archipel des Galápagos, un territoire unique

Autrement connu sous le nom d'archipel de Colón, les Galápagos constituent un monde à part surgi il y a des millions d'années au cœur de l'océan Pacifique, à quelque mille kilomètres des côtes, où le temps est suspendu. C'est là, en 1835, que le biologiste anglais Charles Darwin y étudie l'évolution et la sélection naturelles des espèces. Au milieu de paysages lunaires, iguanes, otaries (ou lions de mer), tortues géantes et des milliers d'oiseaux (fous masqués ou à pattes bleues, pélicans, flamants roses, frégates, hérons, huitriers des Galápagos, merles moqueurs, pinsons de Darwin, cormorans, etc.) cohabitent dans une harmonie déconcertante, sans craindre la présence de l'Homme. Des animaux au physique préhistorique donc, mais aussi une multitude d'habitants sous-marins peuplent les profondeurs : raies manta, crabes rouges et noirs, requins (des Galápagos, gris, marteau, tigre, baleine et requin à cornes) et une flopée de poissons multicolores.

## Activités extrêmes et sensations fortes

En Équateur, la diversité des paysages permet de s'adonner à une multitude d'activités variées. Sportifs en herbe ou confirmés, vous ne saurez plus où donner de la tête. Le pays est propice aux treks : vous pourrez ainsi sillonner le paramó andin pendant plusieurs jours sans croiser âme qui vive, mais aussi gravir des volcans aux cratères incandescents et des montagnes aux sommets enneigés, qui tutoient parfois le ciel à plus de 6 000 m, et galoper dans le vent sur les pistes jadis empreintées par les messagers incas... A Baños et Misahaulli, aux portes de l'Oriente, vous vous essaierez au canoë, au rafting, au canopy (tyrolienne) ou au canyoning avant de parcourir la Route des cascades à vélo. Les surfeurs quant à eux gagneront les meilleurs spots de la côte Pacifique (Montañita), tandis que les autres feront de la plongée et du snorkeling aux Galápagos ou au large de Puerto Lopez (plage de los Frailes ou isla de la Plata).

*Tortue terrestre dorlotée au Centre Darwin sur Santa Cruz, Galápagos.*

# L'ÉQUATEUR EN BREF

## Pays

- **Nom officiel :** République de l'Equateur
- **Capitale :** Quito
- **Superficie :** 283 560 km$^2$
- **Langues :** espagnol.

## Population

- **Nombre d'habitants :** 15 982 550 d'habitants
- **Densité :** 59 hab./km$^2$.
- **Taux de natalité :** 18,87 ‰
- **Taux de mortalité :** 5,04 ‰
- **Espérance de vie :** 76,36 ans
- **Religion :** catholique (94 %), protestant (6%).

## Économie

- **Monnaie :** US$
- **PIB :** environ 94,14 milliards US$
- **PIB/habitant :** 5 968 US$/hab
- **Taux de croissance :** 4 %
- **Taux de chômage :** 4,15 %
- **Taux d'inflation :** 2,7 %

## Décalage horaire

L'Equateur est situé sur le fuseau horaire GMT -5.

- **Heure d'été :** 7 heures de moins qu'en France (8 heures de moins aux Galápagos).
- **Heure d'hiver :** 6 heures de moins qu'en France (7 heures de moins aux Galápagos).

*Navigation en pirogue dans le parc national Yasuni.*

*Otaries très actives sur une plage paradisiaque de l'île Genovesa.*



## Climat

L'Equateur, compte tenu de ses innombrables contrastes géographiques, dresse à lui seul un inventaire de tous les climats du monde. Ainsi, eu égard aux différences d'altitude, il a été observé qu'entre deux points distants de 10 à 12 km, la différence des précipitations pouvait être de l'ordre de 1 000 mm. A l'instar du reste de la planète, l'Equateur subit les conséquences du dérèglement climatique et les différentes saisons y sont de moins en moins marquées.

## Le drapeau de l'Équateur

Cette ancienne colonie espagnole a adopté son propre drapeau le 26 septembre 1860. Ses couleurs sont identiques à celles du Vénézuela et de la Colombie ; seul le blason et les proportions permettent de faire la distinction. Le jaune rappelle les richesses naturelles du pays, et le soleil ; le bleu traduit la vision du futur à travers la symbolique de l'océan et d'un ciel dégagé ; le rouge représente la lutte du peuple et le sang versé pour la patrie. Au centre du drapeau, les armoiries de l'Equateur illustrent le plus haut sommet du pays, le volcan Chimborazo (6 268 m), ainsi qu'un fleuve sur lequel navigue un navire de commerce. Un grand condor déployant ses ailes est dessiné en signe de puissance et d'indépendance.

# L'ÉQUATEUR EN 10 MOTS-CLÉS

## Banane

La banane est LE fruit incontournable en Equateur, et l'un des éléments de base du régime alimentaire de la population locale. Le pays en produit près de 7 millions de tonnes par an, ce qui représente environ 18 % de l'ensemble de ses exportations. Bananes desserts (sucrées) ou bananes à cuire comme la plantain, chifles (chips de bananes), patacones (rondelles de bananes frites), bolón de verde (« boule » à base de banane plaintain verte et fourrée avec du fromage frais et de la viande), bananes frites... Ici, le bolón de verde est servi avec une tasse de café ; les chifles, en entrée ou souvent avec un ceviche ; les patacones, en accompagnement d'un déjeuner ou almuerzo (avec un morceau de viande ou de poisson, du riz et de la salade).

## Buen Vivir

Depuis 2008, l'Economie Sociale et Solidaire est inscrite dans la Constitution. En termes de chiffres, il faut savoir que plus de 50% des salariés du pays sont issus de cette économie, ce qui correspond à 30% du PIB. On peut traduire cette expression par « vie bonne » ou « bien vivre » ; le Buen vivir est un principe central de la vision du monde des peuples originaires de la région andine et amazonienne, pour un développement centré sur le bien-être et le respect du milieu naturel. Cette véritable philosophie et vision de la vie, vise en fait le vivre ensemble dans la diversité, en harmonie avec la mère nature.

## Chocolat

On parle souvent de l'Équateur comme le pays meilleur producteur de cacao. En effet, depuis plusieurs années ce dernier reçoit les plus grands prix au monde et les médias n'ont de cesse de relayer son nom. En 2014, le magazine américain *Forbes* nommait le chocolat Kallari, deuxième meilleur dans le monde ! On reconnaît ce chocolat grâce à ses notes florales. Si c'est la communauté indigène de Santa Rita, dans l'Amazonie équatorienne, qui cultive le cacao depuis des siècles, les fèves, elles, proviennent de la province de Napo (région sud-Est de l'Amazonie équatorienne). Le cacao est le sixième produit d'exportation hors pétrole du pays après les bananes, les crevettes, le poisson en conserve, les fleurs et des produits miniers. Une dégustation de chocolat relève d'une expérience immanquable et unique d'un voyage en Équateur.

## Indigène

Alors que ce terme peut avoir une connotation péjorative aux yeux des Européens, en Équateur, on parle communément des indigènes – et non

des indiens – pour faire référence aux peuples ancestraux. Le pays compte seize nationalités indigènes distinctes. Chacune d'entre elles – dont les plus connues sont les Quechuas (de l'Oriente et de la Sierra), les Shuar, les Záparo, les Siona, les Secoya, les Huaorani, les Cofán, les Awa, les Negro-afroéquatorianos, les Colorados (ou Tsáchila) – possède sa propre langue et ses propres traditions et coutumes.
A seulement deux heures de route de Quito, se trouve la ville d'Otavalo, célèbre pour son marché artisanal coloré qui fait le bonheur des touristes. Le savoir-faire des Otavaleños (peuple quechua) est réputé et reconnu au-delà des frontières du pays puisqu'ils vendent leurs objets (sacs, sculptures, bijoux, tableaux...) et leurs vêtements dans le monde entier.

*Les rues bondées du marché de Quito.*

## Latitude 0°

Vous voici au milieu du monde ! L'Équateur est cette ligne imaginaire marquant la séparation entre l'hémisphère nord et l'hémisphère sud. Si l'Equateur traverse principalement les océans, il traverse l'Équateur à plusieurs endroits. Du volcan Cayambe (point le plus haut), à l'île d'Isabella aux Galápagos, il traverse ausssi le cœur de la région Amazonienne à Cuyabeno. Et comme dans les différents endroits du monde traversés par cette ligne imaginaire, l'Équateur a érigé un monument en son honneur à 20 km au nord de Quito, où l'on a estimé son passage. Ce monument est appelé « Mitad del Mundo » et attire nombre de touristes du monde entier venus prendre la photo symbole d'un séjour en Équateur.

## Marché

Un voyage en Equateur se doit d'être agrémenté par une visite au marché. Il y en a partout, tous les jours de la semaine, à chaque jour un endroit différent et principalement dans les villes et villages situés le long des Andes. Du plus célèbre des marchés d'Amérique du Sud à Otavalo, au grand marché à bestiaux du jeudi matin à Saquisili, il y a de quoi faire. Les petits artisans, producteurs et agriculteurs s'installent sur les places et animent pour le plus grand plaisir des locaux qui y ont un rendez-vous hebdomadaire, mais aussi des touristes. Quel spectacle ! On aime y déambuler, admirer ce brouhaha, s'arrêter pour déguster une spécialité pendant ces matinées colorées à l'ambiance unique.

## Nature

Amis de mère nature, voici une destination pour vous. En effet, ce petit pays par la taille présente la plus grande biodiversité du monde. En quelques jours, vous pourrez grimper les plus hauts volcans du monde, nager avec des dauphins, approcher (sans toucher !) de nombreuses espèces endémiques aux Galápagos, véritable laboratoire naturel, admirer les baleines à l'Isla de la Plata, côtoyer plusieurs espèces de singes en Amazonie, séjourner dans un des écolodges des réserves et vivre ne serait-ce que quelques jours coupé du reste du monde. L'Équateur surprendra plus d'un par la richesse de son patrimoine naturel réparti sur l'ensemble du territoire.

## Panamá

Exporté depuis 150 ans, le chapeau Panamá a fait le tour du monde sous cette appellation. Il est pourtant bel et bien équatorien.

Pendant la construction du canal de Panamá, des ouvriers du monde entier acquièrent les chapeaux de paille équatoriens pour se protéger du soleil. Le Panamá est baptisé ainsi malgré son origine équatorienne. En 1906, Théodore Roosevelt porte ce chapeau lors de sa visite aux chantiers du canal et contribue à populariser le « Panamá Hat » (chapeau Panamá), traditionnellement appelé « sombrero de paja toquilla » (chapeau de paille). Ce chapeau est confectionné, selon une méthode de tissage particulière avec les fibres d'un palmier caractéristique de la côte, à Cuenca ou à Montechristi. Depuis décembre 2012, il est inscrit sur la liste du patrimoine culturel immatériel de l'humanité de l'UNESCO.

## Quinoa

Cultivée depuis plus de 5 000 ans, c'est la plante sacrée des Incas, qui la surnommaient « chisiya mama » ou « mère de tous les grains » en quechua. Cette céréale très digeste possède un grand pouvoir nutritif : sans gluten, pauvre en lipides, riche en fer et en protéines. Au moment de la conquête, les Espagnols, soucieux d'imposer leur culture, la remplacèrent par le blé et l'orge. Amère, il faut bien la laver avant d'en faire une soupe roborative. Aujourd'hui, elle est aussi consommée sous forme de céréale au petit déjeuner. On trouve cette plante dans la Sierra, notamment dans les parcs et réserves écologiques ; en Europe, on la trouve dans les rayons diététiques des supermarchés.

## Tourisme communautaire

L'Équateur est certainement l'un des pays où le tourisme dit « solidaire » est le plus développé. Dans chaque région, que ce soit dans les Andes, l'Oriente ou sur la côte, il est possible de séjourner avec les premiers natifs, dans une famille ou dans des logements sommaires construits à l'attention des touristes. Cette autre forme de tourisme permet de se familiariser avec leurs habitudes et leurs coutumes et de mieux comprendre leur quotidien, tout en sachant que les revenus générés seront directement reversés à la communauté et serviront à financer différents types de projets (construction d'école, de dispensaire, d'habitations, etc.).

# SURVOL DE L'ÉQUATEUR



## Géographie

L'Équateur est délimité au nord par la Colombie, au sud et à l'est par le Pérou et à l'ouest par l'océan Pacifique. Les îles Galápagos, situées à quelque mille kilomètres du continent, font également partie du territoire équatorien, depuis 1832. L'ensemble du territoire, continental comme insulaire, est traversé par la ligne équatoriale. A la suite du conflit qui l'a opposé au Pérou dans la première moitié du siècle et aux termes du protocole de Rio, l'Équateur a perdu 200 000 km² de territoire amazonien, lesquels constituent toujours un litige entre les deux pays, et comme en témoigne le bref conflit de 1995, un motif d'affrontements frontaliers. On distingue quatre régions : les Andes, la côte, l'Oriente et les Galápagos.

**La cordillère des Andes et la Sierra.** Composant une véritable épine dorsale nord-sud, la cordillère des Andes délimite trois régions naturelles : la côte au bord du Pacifique ; la Sierra, région montagneuse en altitude ; l'Oriente, plus communément appelé Amazonie. En Équateur, la cordillère est divisée en deux chaînes parallèles, chacune comprenant plusieurs volcans avoisinant ou dépassant les 5 000 m. Le point culminant est le Chimborazo (6 310 m) dans la Cordillère occidentale, mais le Cotopaxi (5 897 m), plus haut volcan actif du monde situé dans la Cordillère orientale, est aussi emblématique.

La Sierra occupe environ le quart du territoire équatorien et s'étend sur 600 km depuis Tulcán, à la frontière colombienne, jusqu'à la région de Loja au sud. Région interandine située entre la cordillère orientale et occidentale, la Sierra jouit d'un climat tempéré ; elle est formée de plateaux et de vallées verdoyants, perchés à 3 000 m d'altitude. Les volcans multiples (dont certains sont encore en activité) ont donné naissance à des lacs et des sources thermales. Vingt-deux de ces sommets culminent entre 4 270 m et 6 000 m ; leur enfilade majestueuse a été surnommée par Alexander Von Humboldt « l'avenue des Volcans ». Les villes principales sont Quito, au nord, et Cuenca, au sud.

*Au sommet de Bartolomé, Galápagos.*

**La Costa.** La Costa (côte ou littoral) est une plaine alluviale, chaude et humide, irriguée par des fleuves puissants. Sa largeur varie de 30 km à 200 km sur une longueur de 800 km. Deux grands fleuves, l'Esmeraldas (320 km) au nord, et le Guayas (160 km) au sud, ainsi que leurs affluents, en font l'une des régions les plus fertiles du pays (culture de la banane, de la mangue et de la canne à sucre notamment). Sous l'influence du courant froid de Humboldt et du courant chaud de Panamá, le centre de la Costa bénéficie d'un climat tempéré, avec deux saisons distinctes. La principale ville de cette région est Guayaquil, important port sur le Pacifique et ville la plus peuplée du pays.

**L'Oriente (Amazonie).** La région orientale, l'Oriente, forme une vaste plaine couverte de forêts naturelles irriguées par de gigantesques fleuves, le Napo, le Zamora, le Tigre, l'Aguarico, le Yasuni et le Paute, qui rejoignent l'Amazone. Cette région peu accessible, au climat tropical humide, fait partie de la forêt amazonienne ; elle concentre la quasi-totalité des ressources pétrolières du pays. Mais au-delà de cette ressource au fort impact environnemental, l'Oriente est avant tout une fascinante réserve naturelle... et le berceau de peuples ancestraux comme les Quechuas, les Secoya, les Siona, les Shuar et les Huaorani (notamment).

**L'archipel des Galápagos.** Cet territoire insulaire a été rattaché à l'Equateur en 1832. Autrefois connu sous le nom d'archipel de Colón, il est constitué de treize îles d'origine volcanique et d'un chapelet d'îlots et de récifs perdus dans l'océan Pacifique, à 965 km au large des côtes, sur l'équateur. Sa superficie totale représente 8 006 km². La capitale de la province des Galápagos est Puerto Baquerizo Moreno, située sur l'île de San Cristóbal. Le Parc national et la réserve marine constituent un site classé au patrimoine mondial de l'UNESCO.

*Lac de Cuicocha.*

# Climat

L'Équateur, compte tenu de ses innombrables contrastes géographiques, offre un inventaire de tous les climats du monde. Ainsi, eu égard aux différences d'altitude, il a été observé qu'entre deux points distants de 10 à 12 km, la différence des précipitations pouvait être de l'ordre de 1 000 mm. Il est à noter qu'à l'instar du reste de la planète, l'Equateur subit les conséquences du dérèglement climatique et les différentes saisons y sont de moins en moins marquées.

- **Climat tropical humide :** l'Amazonie. Dans la région amazonienne (Oriente). Les températures sont supérieure à 25 °C et la saison la plus chaude s'étend de février à mai, avec des pluies très fréquentes. Humidité : 90 %.

- **Climat tropical :** sud du pays et une partie de la Costa. Les provinces concernées sont celles de Manabí, Guayas, El Oro (sur la côte) et de Zamora (incluant Loja, au sud du pays). Eté chaud et sec. Pluies de janvier à mai, plus courtes et moins abondantes. Les températures maximales oscillent autour de 32 -33 °C et les minimales , entre 13 °C et 18 °C.

- **Climat tropical sec :** la Costa et les Galápagos. Sur la côte, dans la péninsule de Santa Elena, la partie sud de la isla Puna (au large de Guayaquil) et les îles Galápagos. Températures comprises entre 20 °C à 32 °C tout au long de l'année. Faibles pluies entre janvier et avril. Le reste de l'année, climat sec. Dans l'archipel des Galápagos, le climat est altéré par les courants marins et les températures varient en fonction de l'altitude des îles. A partir de 22-25 °C sur les plages, avec une sécheresse totale ; dans les terres, au-delà de 450 m, pluies d'hiver et températures qui oscillent autour de 17 °C.

- **Climat tempéré :** la Sierra (les Andes). Il varie en fonction de l'altitude. La Sierra s'élève de 500 m au-dessus du niveau de la mer, jusqu'à plus de 6 000 m pour les plus hauts sommets. Un climat glaciaire sévit au-dessus de 4 500 m ; la température peut perdre 5 °C tous les 200 m. À noter : l'Equateur ne compte pas moins de 33 sommets couverts de neiges éternelles ! Les variations de pluviométrie et de pression atmosphérique produisent des différences de végétation au même niveau d'altitude. Aux creux des vallées, les températures varient entre 14 °C et 20 °C.

# Environnement

Le pays renferme une biodiverstié exceptionnelle, mais devant l'expansion des terres défrichées et l'exploitation du pétrole, cette nature est aujourd'hui menacée. Depuis une vingtaine d'années, face au danger, les Équatoriens se mobilisent.

- **De Charles Darwin à nos jours.** C'est à partir de ses recherches effectuées aux Galápagos en 1835 que le biologiste anglais Charles Darwin a élaboré sa théorie sur l'évolution naturelle des espèces, puis publié son livre *L'Origine des Espèces* (1859). A cette époque, aucune menace ne planait sur la nature en Equateur et l'archipel des Galápagos était un laboratoire à ciel ouvert pour n'importe quel savant de la planète.

Les temps ont changé et si l'archipel, grâce à une mobilisation mondiale, est encore préservé, le reste du pays n'a pas résisté au développement et à l'industrialisation.

Au cours du XX$^{e}$ siècle, l'exploitation agricole à grande échelle menace les écosystèmes de la côte et des régions andines. L'Amazonie reste épargnée jusqu'à la fin des années 1960, époque à laquelle débute l'exploitation pétrolière dans cette région.
En quelques années, la destruction de la nature est tellement avancée que les autorités équatoriennes décident de créer plusieurs parcs nationaux. Mais c'est en 1978 que l'Equateur prend un tournant décisif pour son avenir en terme de protection de la nature. Pour sauvegarder ce patrimoine naturel est créée la Fundación Natura, qui a fermé ses portes en 2012. Une ONG soutenue par les grands organismes internationaux comme le Fonds mondial pour la nature (WWF), qui a su acquérir une notoriété nationale et parvient à être sur tous les fronts dans le domaine de la protection de la nature.
Il convient aussi de noter la présence de la U.P.M.A. ou Unidad de Proteccion al Medio Ambiente (Unité de protection de l'environnement) qui opère en collaboration avec d'autres organismes : le Servicio Ecuatoriano de Seguridad Agropecuaria, la Dirección Metropolitana de Medio Ambiente (direction métropolitaine de l'environnement), la corporation pour l'amélioration de la qualité de l'air de Quito, Vigilancia Verde (Vigilance Verte), l'organisation Wild Aid et le Parc national des Galápagos.
Pour autant, le dynamisme et l'omniprésence ne permettent pas de résoudre tous les maux. Dans ce pays où la nature devrait être reine, sa protection ne figure pas au premier rang des préoccupations de l'Etat et des multinationales. Il reste beaucoup à faire pour parvenir à un équilibre entre développement et écologie, notamment pour diminuer le taux de pollution.

## Faune et Flore

**Faune.** L'Équateur, du fait de sa diversité géographique, possède une faune extrêmement riche et variée. De la forêt tropicale au monde sous-marin des Galápagos, la liste exhaustive des habitants serait bien trop longue à établir. Sachez quand même qu'on dénombre en Équateur 1 600 espèces d'oiseaux (plus qu'au Brésil, un pays 31 fois plus vaste), dont 130 espèces de colibris. Un vrai paradis pour les ornithologues ! Pour les amoureux de la nature, les îles Galápagos et la forêt amazonienne sont des régions fort intéressantes qui comptent un nombre incroyable d'espèces protégées.
Une population animale sous haute surveillance. La colonisation, la chasse, le commerce et le trafic des animaux sauvages menacent le monde animal, et de nombreuses espèces sont aujourd'hui en voie de disparition. Sur la liste, il faut malheureusement citer la tortue géante, le pingouin, la baleine bleue des Galápagos, le dauphin de l'Amazone, le jaguar, le tapir, le singe-araignée, le condor et le toucan andin, le lama, le crocodile côtier, le caïman noir, le boa constrictor, le fourmilier géant, le porc-épic... La commercialisation d'animaux sauvages est interdite en Équateur. De nombreuses organisations militent pour la protection du patrimoine faunistique du pays, et le gouvernement a pris certaines mesures contre le trafic d'animaux sauvages. Mais cela n'empêche pas les dérives. Il existe par exemple un important marché noir de perroquets et de singes, qui sont le

plus souvent capturés par des Indiens de la forêt amazonienne et vendus aux amateurs d'exotisme dans les villes proches de la forêt. Quelques organisations et fondations, tels le Vivarium de Quito et la fondation amazOOncio, ont décidé de lutter contre ces trafics et recueillent les animaux pour les soigner puis les réintroduire dans leur habitat d'origine.

**Flore.** Compte tenu de la diversité de ses climats, l'Equateur possède une flore d'une variété extrême qui fera le bonheur des botanistes. Il a été démontré récemment que ce pays andin est celui qui détient la plus grande biodiversité sur la planète, proportionnellement à sa taille. Rien d'étonnant quand on sait que la forêt amazonienne (partagée entre le Pérou, la Bolivie, le Brésil, l'Equateur, la Colombie) concentre à elle seule la moitié des espèces végétales actuellement connues sur Terre. Les chiffres sont impressionnants. L'Equateur renferme 10 % des espèces de plantes répertoriées sur la la planète. Les divers climats ont donné naissance à 25 000 espèces d'arbres, dont environ 10 000 poussent dans la région andine. L'Amazonie, quant à elle, compte 8 200 espèces de plantes dont 2 725 espèces d'orchidées. Les îles Galápagos comptent 600 espèces natives et/ou endémiques et 250 espèces introduites au moment de la colonisation. Parmi quelques espèces exotiques, citons le ceibo au tronc dodu qui donne du kapok, l'hévéa connu pour le latex, la balsa au bois très léger, les mangliers (mangrove) aux racines fichées dans l'eau saumâtre, les multiples palmiers dont on tisse les fibres et qui ne poussent qu'en Équateur (voir la paille toquilla). Beaucoup de ces arbres possèdent des vertus médicinales à découvrir principalement en région amazonienne où les espèces géantes peuvent dépasser 60 m de hauteur. Quant aux arbres fruitiers, bananiers, arbres à cacao, arbres à pain aux fruits démesurés, papayers, manguiers et bien d'autres, ils vous assureront un plateau de fruits bien garni !

© STÉPHANE SAVIGNARD

*Guesthouse à Mindo.*

## Premières civilisations

De nombreuses découvertes prouvent que les premiers habitants du continent sud-américain occupaient une grande partie de la cordillière des Andes. C'est ainsi que dans la Sierra centrale de l'Équateur, le site d'El Inga a livré aux archéologues des traces (grattoirs, flèches, lames en obsidienne) qui témoignent d'une constante occupation humaine pendant 5 000 ans.

## Une courte occupation inca

Les Incas, arrivés sur la scène précolombienne au XII^e^ siècle, pénètrent la Sierra de l'Equateur au XV^e^ siècle. Parvenus dans la région de Guayaquil, ces hommes habitués à vivre à 3 000 ou 4 000 m d'altitude, doivent construire des bateaux et se livrer à l'art de la guerre navale. Sur les flancs très escarpés de la cordillière des Andes, les Incas pratiquent la culture en terrasses : celles-ci sont encore visibles de nos jours.

## Conquistadores, mort du dernier dieu vivant et déclin de l'Empire

Quand, en 1532, les Espagnols (uniquement des Castillans) commandés par Pizarro débarquent sur les côtes équatoriennes, l'empire est gouverné depuis peu par Atahualpa. Pizarro, qui par un odieux stratagème s'est rendu maître du roi, lui promet la vie sauve à la condition que ce dernier lui fasse livrer une quantité d'or égale au volume de la pièce où on le retient prisonnier. Un trésor fabuleux de lingots, de bijoux, d'objets cultuels d'un travail merveilleux est ainsi offert aux Espagnols, mais Atahualpa meurt tout de même assassiné. Un désaccord éclate parmi les conquistadores et Pizarro est tué. La conquête, commencée par une infamie, se poursuit par des massacres.A partir du XVIII^e^ siècle, la décadence de l'Empire espagnol s'accentue. L'Espagne est affaiblie (perte de certaines de ses colonies, guerre de succession de 1701 à 1713, et bataille de Trafalgar en 1805). La déposition en 1808 de Ferdinand VII par Napoléon Ier est suivie de la sanglante guerre d'Indépendance d'Espagne.

## Simón Bolívar : el Libertador

Les années qui suivront seront marquées par le héros de la libération de l'Amérique espagnole, le Vénézuélien Simón Bolívar. Un séjour à Paris lui a fait découvrir le mouvement révolutionnaire, et un homme : Napoléon. Rentré au Venezuela, Bolívar prend une part active à l'insurrection de 1810 contre l'Espagne. Nommé général en 1812, il remporte l'année suivante la bataille de Taguanes, qui lui livre Caracas. En 1819, il est élu président de la République vénézuélienne. Idole des Colombiens et bête noire de la très puissante Eglise, Bolívar, après ses victoires de Boyacá et de Carabobo, rêve d'unir son pays, la Colombie, avec l'Equateur. Ses forces, commandées par le jeune général Antonio José Sucre, bras droit de

Bolívar, libèrent Guayaquil et Cuenca en 1822, puis, le 24 mai de la même année, Quito (bataille de Pichincha), qui se place sous la protection de la Grande-Colombie (formée du Vénézuela, du Panamá, de la Colombie et de l'Equateur). En 1824, les victoires au Pérou de Junín et d'Ayacucho sonnent la fin de la domination espagnole. Bolívar songe à jeter les bases d'une République des Etats-Unis du Sud, mais déjà querelles et séparatismes grignotent le jeune État fédéré : en 1830, le Vénézuela quitte la Grande-Colombie, et peu après, l'Equateur, sur l'instigation d'une junte de notables, en fait autant. Le 23 septembre 1830, une Assemblée constituante présente la première Constitution de l'Equateur ; le général Flores devient premier président. Accusé de visées impérialistes, seul et désespéré, Bolívar meurt en décembre 1831, à Santa Marta, en Colombie.

## Une décevante indépendance entre coups d'Etat et avancées

Premier chef de l'Etat équatorien, Flores se voit contraint d'abandonner à la Colombie une grande portion de territoire. Revenu au pouvoir une seconde fois, Flores impose, en 1843, une Constitution à fort parfum dictatorial. Il finit déposé par les militaires. Des libéraux et conservateurs vont régir le pays jusqu'à la fin du siècle. En 1895, un vent révolutionnaire amène à la présidence Eloy Alfaro. Celui-ci restaure la paix civile, réduit les pouvoirs de l'Eglise, s'intéresse à l'enseignement, à la santé publique et aux travaux d'intérêt général, achevant notamment la construction du chemin de fer qui relie Quito à Guayaquil. En 1906, après une interruption de cinq ans, Alfaro revient au pouvoir, soutenu par une partie de l'armée. La douzième Constitution, promulguée à cette occasion, réaffirme la liberté des cultes, garantit les libertés individuelles et entérine la séparation de l'Eglise et de l'Etat. L'enseignement primaire devient gratuit et obligatoire. Le prochain grand mouvement d'émancipation se passe après la Seconde Guerre mondiale avec José María Velasco Ibarra, élu président cinq fois entre 1933 et 1972. Ancien conservateur, libéral récent et populiste, son penchant pour la dictature le fait bientôt destituer par les militaires. Dictateurs de courte durée, libéraux et conservateurs se succèdent. En 1941, l'Équateur, après une guerre d'un mois contre l'armée péruvienne qui l'envahit, perd 200 000 km² de son territoire amazonien et, ce qui est plus grave encore, l'accès à l'Amazone. Le protocole de paix, d'amitié et de frontières, signé le 29 janvier 1942 à Rio, est censé mettre un point final à la guerre et fixer définitivement les frontières. Alors que l'inflation et la spéculation vont bon train, Velasco Ibarra est rappelé à la présidence par l'Alliance démocratique équatorienne qui rassemble tous les partis (1944). La quinzième Constitution est rédigée. Le boom bananier de 1945 apporte la prospérité et une suprématie momentanée à Guayaquil. Puis le président sera déposé par un nouveau coup d'état militaire. Tout comme les militaires, le gouvernement nord-américain est irrité par Velasco Ibarra qui n'hésitait pas à tenir des propos pro-castristes. C'est donc sans déplaisir que Washington voit la junte militaire s'installer au pouvoir en 1963. Entre 1964 et 1966, les USA apportent à l'Equateur une aide économique et militaire.

Afin de prévenir les dangers de contamination castriste, divers programmes de développement sont mis sur pied. La première réforme agraire voit le jour en 1964. Elle prévoit la récupération des terres de l'Église et de l'État, et la distribution de terres vierges d'Amazonie (appartenant en fait aux ethnies indigènes) aux colons venant de la Sierra. La junte mécontente les grands propriétaires fonciers ; le peuple est déçu ; le développement et le retour à la démocratie tardent à venir. Le 23 mars 1966, alors que le boom bananier touche à sa fin, la chambre de commerce de Guayaquil appelle à la grève générale. Elle est largement suivie. Le 29 mars, la junte renonce au pouvoir (17e Constitution) et Velasco Ibarra est élu président pour la cinquième fois. En 1972, il est déposé par les militaires et remplacé par le général Guillermo Rodríguez Lara, dont le gouvernement, représentatif des classes moyennes, se veut nationaliste et révolutionnaire. Le nouveau gouvernement militaire se propose de réagir contre la mainmise des grandes compagnies internationales sur les richesses pétrolières de l'Equateur. Cette mainmise s'était opérée depuis 1964, pratiquement sans aucune contrepartie pour le pays. Cette politique, qui entraîne de violentes réactions de la part des compagnies touchées, a pour effet de faire surgir une nouvelle classe de techniciens et de donner à l'Equateur les moyens financiers nécessaires à sa modernisation. Le régime militaire promet d'autre part une nouvelle réforme agraire qui prévoit une redistribution des terres en faveur de ceux qui la travaillent. Les grands propriétaires terriens sauront la mettre en échec puisqu'elle ne concernera finalement que 0,73 % des terres cultivables.

## Le retour des civils : Jaime Roldós et Sixto Durán Ballen

Les élections de 1978 sont marquées par l'adoption de la dix-huitième Constitution et par l'accession au pouvoir de Jaime Roldós (qui sera le président le plus aimé des Equatoriens). Si Jaime Roldós n'est pas porté par des forces assez puissantes pour remettre en cause les structures socio-économiques du pays, il saura cependant mettre en œuvre une grande campagne d'alphabétisation ainsi que plusieurs grands travaux d'intérêt public. Mais c'est surtout sa politique étrangère qui en fait une figure de premier plan : une défense résolue des Droits de l'homme, des intérêts du Tiers-monde en général et des pays andins en particulier. Il meurt finalement dans un accident d'avion. Jusqu'en 1996, sous la présidence de Sixto Durán Ballen (du Parti d'unité républicaine), la communauté indigène de l'Equateur compte plus de quatre millions de membres et représente 43 % de la population du pays. A la suite d'une loi agraire qui, en fait, défendait les seuls intérêts des propriétaires fonciers, les Indiens se sont soulèvent massivement en juin 1994, contraignant le gouvernement à modifier cette législation. D'autre part, le 17 février 1995, le Pérou et l'Equateur signent un accord de paix qui censé mettre fin à leur interminable conflit frontalier. Cependant, l'accord n'est pas respecté et le différend – qui remet en cause le protocole de Rio de 1942 – n'est pas réglé.En mai 1999, les frontières entre les deux pays sont définitivement fixées, et un accord de paix signé met fin à un litige de plus de 150 ans, ayant causé plusieurs conflits armés.

## Un faux espoir de stabilité

Le 24 novembre 2002, l'ex-colonel Lucio Gutiérrez (45 ans), à la tête de la Sociedad Patriótica, sa propre organisation politique à l'écart des partis traditionnels, a été élu président de la République avec 54,4 % des suffrages. Sa prise de pouvoir effective a eu lieu le 15 janvier 2003. Il fut auparavant l'un des fomenteurs du coup d'Etat militaire et indigène qui renversa le président Jamil Mahuad en janvier 2000, au cours duquel il avait brièvement flirté avec le pouvoir puisqu'il occupa le poste de président durant 3 heures, avant d'être évincé au profit du président Noboa, approuvé par le président renversé – et du même parti ! A la suite de cet événement, Lucio Gutiérrez avait été condamné et incarcéré durant 4 mois.En accédant au pouvoir, Gutiérrez avait annoncé ses engagements politiques vis-à-vis du peuple équatorien : construire un pays souverain indépendant du grand frère américain, engager des réformes structurelles à la faveur des classes ouvrières et paysannes ayant largement appuyé sa candidature. Pourtant, il ne fait rien de tout cela et s'adosse même complètement à la politique menée par la voisin américain. Malgré l'appui de l'État américain à Lucio Gutiérrez, affirmé par deux fois, le Parlement équatorien vote pour son éviction ; il est alors contraint de trouver asile dans la résidence de l'ambassadeur du Brésil en Equateur, après que le peuple a empêché le président déchu de quitter le pays en occupant l'aéroport. Le vice-président en exercice, Alfredo Palacio, un cardiologue de 66 ans n'étant affilié à aucun parti, est nommé président de l'Équateur pour finir le mandat de Gutiérrez jusqu'à janvier 2007.

## Une nouvelle génération au pouvoir

En novembre 2006, les élections présidentielles opposent en fin de course le multimillionnaire Alvaro Noboa (le roi de la banane), et Rafael Correa, économiste et universitaire de 43 ans (à l'époque) à la tête du parti Alianza País. Il est élu le 26 novembre (avec 56 % des suffrages) et annonce la fin de l'époque du tout-libéral en Equateur. Pour lui, c'est la fin des politiques mises en place sous l'influence des Etats-Unis et des organismes financiers mondiaux dans le pays. Figurent parmi ses priorités la renégociation de la dette, la fin du modèle économique basé sur l'extraction du pétrole, ressource non-renouvelable, et sur l'exportation de la main-d'œuvre, partie chercher un meilleur niveau de vie ailleurs. Il est réélu, sans surprise le 26 avril 2009 avec 51,9 % des voix.
Le 16 avril 2016, un violent séisme de magnitude 7,8 frappe la côte nord du pays au niveau des provinces d'Esmeraldas et de Manabi. Les dégâts sont colossaux : certaines villes, comme Pedernales, sont rasées, et on dénombre dans les jours qui suivent plus de 650 morts, 16 000 blessés et 26 000 sans abris. Le pays est en deuil.
Le 17 février 2013, le président sortant est réélu avec 56,7 % des suffrages, contre 23,3 % pour son principal rival. En 2013, Correa fait changer la Constitution. La Cour Constitutionnelle autorise désormais la réélection des élus à l'infini, dont le mandat du Président. La réforme est votée par le parlement en décembre 2015. Cependant, Rafael Correa précise que cela ne s'appliquera pas à lui et qu'il ne serait pas candidat en 2017.

# POPULATION

## Démographie

La population équatorienne est mixte, diversifiée et métissée. Elle compte une population blanche (environ 6 % de la population), métis (amérindiens et blancs, environ 72 %), indigène (environ 25 %), européenne et créole (ces derniers étant les descendants directs des colons espagnols, environ 7 %) et afro-équatoriens (environ 5 %). D'autres groupes ethniques sont aussi représentés en Equateur et notamment les Chinois, venus dans le pays au XIXe siècle participer à la construction des deux voies ferrées reliant Quito à Guayaquil d'une part et Quito à San Lorenzo via Ibarra d'autre part.La population est inégalement répartie : 65 % vit dans les zones côtières, 55 % dans la Sierra (Andes) et 2 % en Amazonie. La population active représente un peu plus d'1/3 de la population totale dont 31 % travaille dans l'agriculture, 48 % dans les services et 21 % dans l'industrie et les mines.

## Langues

- **L'espagnol *(castellano)*** est la langue officielle parlée dans quasiment tout le pays. C'est aujourd'hui la langue maternelle de 78 % des Equatoriens. Seuls les vieux indigènes et certaines tribus isolées de l'Amazonie ne parlent que le quechua et d'autres langues séculaires. Les populations indigènes sont linguistiquement assimilées, et peu d'entre elles ont conservé leur langue ancestrale. Cependant le pays est en train de vivre un renouveau de ces langues sous l'impulsion des organisations indigènes et du gouvernement Correa, qui semble vouloir préserver et pérenniser la pratique des langues autochtones. Le patchwork des langues indigènes illustre la mosaïque ethnique du pays.
- **Le quechua** (kichwa ou quichua) est une langue amérindienne originaire de l'Empire inca ; son expansion fut liée à celle de l'empire. La culture quechua fut une des plus avancées de l'hémisphère sud avant l'arrivée des conquistadores. On distingue le quechua du nord (Equateur) du quechua du sud (Pérou et Bolivie). Langue indigène la plus parlée du pays, le quechua ne compte que 1,5 million de locuteurs pour une population d'environ 3 millions de personnes. Le quechua équatorien n'utilise que trois voyelles, les a, i et u. Pas moins de neuf dialectes quechuas coexistent et correspondent aux différentes communautés : calderón (30 000 locuteurs), cañar (100 000), chimborazo (1 000 000), imbabura (300 000), loja (25 000), tungurahua (10 000), napo (5 000), tena (5 000), pastaza (4 000).
- **Les autres langues autochtones** sont le shuar ou jivaro parlé par 30 000 indigènes de la province de Morona-Santiago, l'awa-coaiquer (1 000 locuteurs), le chachi (5 000 personnes dans la province d'Esmeraldas), et le cofán (800 personnes, Esmeraldas), le colorado (2 100 personnes, Pichincha), le secoya (290 personnes, Sucumbios) et le waorani (800 locuteurs, Napo).

## Mode de vie

**Education.** Ce secteur est supervisé par le ministère de l'Education. Un nouveau système éducatif a été mis en place en 2013 par le gouvernement Correa, privilégiant l'accès à l'éducation pour tous et une meilleure qualité d'enseignement. Par ailleurs, le gouvernement tend à valoriser et à préserver les langues indigènes et leur usage, ainsi que le savoir ancestral des peuples autochtones. Cette politique s'inscrit dans le cadre du programme de *Buen vivir* (littéralement « bien vivre »).

**Droits de l'homme.** Si le pays tend vers le *Buen Vivir*, il y a encore de nombreux points sur lesquels les droits de l'hommes peuvent être remis en question. En termes d'accès à la santé, les femmes (natives particulièrement) souffrent d'une inégalité par rapport au sexe opposé. Il y a en Équateur une inégalité des sexes en faveur de l'accès à la santé, l'accès à la contraception et à l'éducation. En ce qui concerne la liberté de la presse et des médias, il faut savoir que l'administration du président Rafael Correa s'est donné le droit d'élargir le contrôle de l'Etat sur les médias et la société civile. En 2014, nombreux sont les journalistes ayant été persécutés pour avoir essayé de défendre la liberté de la presse et les droits humains dans le pays. La Loi CA 2013 donne d'ailleurs le droit au gouvernement de limiter la liberté d'expression. Selon la loi, toutes les informations doivent être vérifiées avant d'être publiées. Autre phénomène lié au droit de l'exercice des libertés : en 2013, le président Correa a émis un décret qui accorde le gouvernement à intervenir comme bon lui semble, dans les activités des ONG. La surpopulation carcérale et les mauvaises conditions carcérales sont deux autres grands problèmes auxquels fait face le pays. Depuis 2012, le gouvernement a investi des millions de dollars pour construire de nouveaux centres de détention. Pourtant, l'endroit éloigné de ces centres et leurs règles de visite strictes et limitées empêche le contact de prisonniers avec les membres de la famille.Enfin, notons que l'Équateur compte près de 55 000 réfugiés, ce qui en fait le pays d'Amérique latine au plus grand nombre de réfugiés. La plupart sont des Colombiens fuyant le conflit armé. La Cour constitutionnelle a jugé que plusieurs des procédures de régulation d'asile étaient inconstitutionnelles.

**Place de la femme.** En Equateur, il existe toujours une forte marginalisation de la femme dans la société. Ces inégalités sont visibles sur le plan social, santé, économique, politique (les femmes sont très peu représentées dans la sphère politique), sur le plan de l'éducation (les femmes n'ont pas toujours accès à l'école et encore moins aux études que les hommes). Certaines régions en souffrent plus que d'autres. La province du Chimborazo est une des plus touchées par le phénomène. Ce sont en effet les femmes Quechuas qui sont les plus concernées. Les femmes natives ont depuis toujours subi une discrimation plus forte que les autres femmes.

## Religion

L'Équateur est un pays traditionnellement catholique. La religion a joué un rôle déterminant dès le début de la conquête espagnole et l'Église a amassé des richesses considérables durant la période coloniale (dons et collecte de dîmes).

Pendant toute cette période et jusqu'à l'accession de Eloy Alfaro à la tête de la nation, le catholicisme fut la religion d'État en Équateur. Les Espagnols, en arrivant dans le Nouveau Monde, employèrent massivement l'évangélisation comme moyen de soumettre les indigènes à leurs valeurs et au travail forcé, particulièrement dans la Sierra, utilisant l'interdiction des cultes païens et faisant souvent usage de la force. A partir de 1895, Eloy Alfaro autorise la pratique d'autres religions et saisit une part importante des terres qui appartenaient à l'Eglise.

La Constitution de 1945 réaffirme la liberté de culte et la séparation de l'Eglise et de l'Etat. Aujourd'hui, l'immense majorité des Equatoriens (95 %) est de confession catholique, mais la plupart ne sont pas pratiquants. D'autres pratiquent leur religion de façon fort éloignée de la doctrine officielle de l'Eglise, à l'instar des Quechuas de la Sierra qui mêlent catholicisme et croyances ancestrales. En effet, les cultes précolombiens et l'animisme n'ont pas été abandonnés, en particulier dans les communautés amazoniennes où les croyances ancestrales cohabitent avec l'enseignement des missionnaires. Dans les Andes, les cérémonies religieuses rendues à un saint consistent aussi souvent en une ode à la nature et à la Terre-Mère, ou *Pachamama*. Malgré leur résistance initiale, les peuples d'Equateur (et de l'Amérique latine) ont donc fini par adopter le christianisme comme religion en y mêlant leurs croyances ancestrales et leurs entités divines étroitement liées à la nature (éclair, montagnes, terre, glaciers, etc.). L'Amazonie a été relativement épargnée par cette évangélisation qui s'opérait dans cette région par l'installation de missions jésuites (XVII$^{e}$ et XVIII$^{e}$ siècles). En revanche, la Sierra l'a subit de plein fouet même si les représentants de l'Église ont parfois joué un rôle de protection des populations vis-à-vis de l'Etat colonial. Aujourd'hui, lors des rites et cérémonies catholiques, les figures sacrées du christianisme sont souvent associées aux divinités naturelles hormis peut-être dans les grandes villes. Dans la Sierra comme dans l'Oriente, chaque communauté indigène a son chaman (ou guérisseur) qui invoque les esprits. Les églises construites pendant la colonisation dans toutes les villes et les villages sont encore assidûment fréquentées, surtout pendant la semaine sainte (*semana santa*).

Par ailleurs, dans les années 1960 et 1970, les Eglises évangéliques (et pentecôtistes, baptistes, adventistes, etc.) ont connu un important essor. Les Témoins de Jéhovah et les Mormons sont également présents dans le pays.

*Le patrimoine religieux est l'une des plus merveilleuses richesses de Cuenca.*

# ARTS ET CULTURE



## Architecture

Certes, on ne va pas en Équateur pour la richesse de son architecture comme seule raison. Contrairement à d'autres pays d'Amérique du Sud, les villes et villages ne présentent pas tous un intérêt architectural majeur. Aujourd'hui, le style architectural équatorien est un véritable mélange entre le passé et la modernité.

Exception faite pour Quito et Cuenca, qui sont les deux bijoux architecturaux du pays. La vieille ville de Quito est un musée à ciel ouvert ! Les murs de la ville sont chargés d'histoire. En effet, Quito a vu y défiler nombre de peuples et de cultures. Au fil des années, se sont succédé Quitus, Incas et Espagnols. C'est d'ailleurs de cette époque coloniale, sous Sebastian de Benalcazar que la ville garde son empreinte. Les Espagnols ont effacé la plus grande partie de ce qu'il restait de l'architecture inca. Les vestiges historiques répondent donc de l'époque coloniale (églises, monastères, rues pavées et maisons blanches ou colorées), qui certes a duré pas loin de 500 ans. L'empreinte coloniale est visible partout dans la ville. Les nombreux musées répartis un peu partout dans la ville, offrent eux quelques belles retrospectives de la période inca. Plus au sud, Cuenca et son centre historique, classé en 1999 au Patrimoine de l'UNESCO. C'est une cité dotée d'une forte empreinte coloniale également, aux beaux édifices de style baroque. Entre les deux, c'est sans doute Quito qui a le moins changé depuis la domination espagnole (parmis les capitales sud américaines). La ville est riche pour ses églises coloniales construites dans un style baroque (La Compania de Jesus, l'Iglesia de Santo Domingo ou encore de San Francisco). Bien que souvent boudée par les touristes, Guyaquil, la capitale écononomique et industrielle offre également quelques vestiges intéressants de cette époque. Enfin, il est important de noter la présence de sites incas en Équateur, tel le site Rumicucho près de Quito ou encore la Tolita dans le nord-est près d'Esmeraldas mais surtout le bel Ingapirca non loin de Cuenca, que l'on peut visiter facilement. Certes le site est bien moins impressionnant par la taille que ce que l'on peut toujours voir au Pérou, mais néanmoins bien conservé.

### Que rapporter de son voyage ?

Vous trouverez, sur les marchés et dans les boutiques, de quoi satisfaire tous vos goûts : tissages, céramiques, objets en bois, sculptures, bijoux, articles en cuir, vannerie ou encore les fameux chapeaux de paille *toquilla* (plus connus sous le nom de panamas).

# LES CHAPEAUX DE PAILLE TOQUILLA

En 1534, une flotte espagnole en provenance d'Amérique centrale formée de quelques navires, avec 500 soldats et 250 chevaux, débarque à Bahía de Caráquez. Ces troupes venaient à la rescousse des conquistadores qui, plus à l'est dans les Andes, étaient confrontés aux guerriers de Rumiñahui, le propre frère de l'empereur inca Atahualpa. En remontant vers la Sierra, les Espagnols traversent les villages de Jipijapa et Montecristí. Le père José María Cobos est alors surpris par les étranges coiffes que portent les habitants pour se protéger du soleil. Leur finesse et leur découpe rappellent les ailes des chauves-souris, et les Espagnols pensent alors qu'elles sont confectionnées avec la peau de ces bêtes. Le père Cobos découvre qu'il s'agit en fait d'une fibre végétale provenant de la feuille d'un palmier autochtone. Il faut attendre 1630 pour qu'un autre Espagnol, venant de Panamá, retrouve les ailes de chauve-souris décrites par le père Cobos. Installé dans la province de Manabí, ce nouveau venu, Francisco Delgado, admire l'habileté des natifs à travailler cette fibre végétale appelée *paja mocora*. Extraite d'un palmier qui ne pousse que dans cette région, la *paja mocora* se présente sous plusieurs qualités, la meilleure étant la plus fine et la plus blanche. Delgado fait alors fabriquer quelques toques ; la souplesse du travail permet de les modeler, de les rouler pour les mettre dans la poche puis de les sortir sans qu'elles ne soient froissées pour se protéger du soleil. Delgado les nomme *tocas* (« toques », en espagnol). Puis le diminutif *toquillas* apparaît et cette appellation remplace définitivement celle de mocora. Les chapeaux de paille *toquilla* sont nés, mais il faut attendre plus de deux siècles avant qu'ils ne soient connus sous le nom de « panamas ». Jusqu'au milieu du XIXe siècle, les chapeaux sont portés un peu partout, du Pérou à l'Amérique centrale, mais leur fabrication reste artisanale et ne connaît pas de véritable essor. Puis, en 1830, lors de l'éclatement de la Grande Colombie, la garnison des soldats républicains de Cuenca est coiffée de *toquillas*, qui ne passent pas inaperçues. En 1835, la première industrie voit le jour à Cuenca ; la région se met alors à produire plus de 3 000 chapeaux par an. En 1881, les Etats-Unis entreprenent les travaux du canal de Panamá et des milliers d'ouvriers originaires de divers pays y sont affectés. Très vite, les services sanitaires rendent obligatoire le port du chapeau pour se protéger du soleil ; légers, confortables et pratiques, les *toquillas* équatoriens font l'unanimité. Adoptés par tous, ils se négociaient à l'époque à prix d'or : environ 100 US$ la pièce. Les Américains les nomment *Panama hats*, une appellation qui est aujourd'hui désuète, les Equatoriens revendiquant le nom de *sombrero de paja toquilla*. C'est ainsi que les chapeaux de paille équatoriens feront le tour du monde. Jusqu'en 1972, ce chapeau équatorien est le premier produit manufacturé d'exportation du pays. En 1977, cette production atteint le chiffre record de plus de 5 millions d'unités (plus de 8 millions de dollars) et les fameux chapeaux sont vendus dans plus 120 pays. Pour sauvegarder cette production artisanale et locale unique au monde, le chapeau de paille équatorien a été inscrit sur la liste du patrimoine culturel de l'UNESCO en décembre 2012.

## Artisanat

L'artisanat équatorien est l'un des plus riches du sous-continent et reste lié à des identités culturelles d'origines diverses. Il est comparable, en originalité et en qualité, à celui du Guatemala ou du Pérou, par exemple. Attention, la qualité ainsi que les prix subissent des variations brutales selon les produits et le lieu d'achat. La négociation (on peut estimer en moyenne un gain de 15 % après marchandage) et un bon sens de l'observation seront donc de mise. Beaucoup d'articles se ressemblent et la valse des prix peut être déroutante. Pour citer le cas d'un achat basique (un sac en cuir couvert de toile tissée), on peut constater sur l'avenue commerçante de Quito (Av. Amazonas) des variations de prix de 40 %, mais surtout des différences de qualité difficiles à détecter. Sur un tel article, la qualité du cuir (quand c'est du cuir !) varie d'un magasin à l'autre et celle du tissu également (acrylique, laine naturelle). Cela vaut pour de nombreux articles, mais les bonnes opportunités d'achat demeurent nombreuses, et chaque région à son savoir-faire.

**Les marchés.** Les marchés sont nombreux, colorés et pittoresques ; ils constituent l'une des étapes incontournables d'un voyage en Equateur. Héritage de l'époque précolombienne et de la tradition du tianguez où les échanges s'effectuaient selon une méthode de troc et de compensation, la plupart sont restés authentiques. Chaque village de la Sierra a (au moins) un jour de marché, appelé *feria*, plus ou moins réputé selon son envergure et la nature des produits et articles proposés. Les marchés qui jalonnent les Andes constituent des lieux de commerce et d'échange importants pour les populations indigènes (denrées agricoles, textiles, produits d'hygiène, médicaments, animaux, vêtements, etc.). Ce rassemblement hebdomadaire (parfois bi-hebdomadaire) permet de se familiariser avec le quotidien de ces régions et d'assister à un beau spectacle bigarré. Les marchés les plus importants sont ceux de Latacunga, Pujili, Cajabamba, Saquisili et Otavalo, avec une très forte fréquentation touristique pour ce dernier ; Saquisili, moins connu, possède un marché authentique qu'il est vivement recommandé de découvrir.

## Cinéma

Les premiers films équatoriens datent de 1920 et le premier film parlant n'est sorti que dans les années 1950. Entre 1924 et 1999, seuls 17 longs métrages ont été diffusés (à peu près un film produit tous les 3 ans), tandis qu'à partir des années 2000, au moins trois films ont été produits chaque année (en moyenne). Au cours des années 1990, une nouvelle génération de cinéastes s'est regroupée au sein de l'association Asocine. Mais ce n'est qu'en 1999, grâce à son film *Ratas, ratones, rateros* que Sebastian Cordero a fait parler du cinéma équatorien en Europe. De nos jours, la production nationale reste modeste, mais néanmoins prometteuse, et force est de constater que l'émergence de cette nouvelle génération de réalisateurs et de cinéastes redonne ses lettres de noblesse au cinéma équatorien. Ainsi, au cours des dix dernières années, des cinéastes comme Victor Arregui, Tania Hermida, Mateo Herrera, Anahí Hoenesein et Daniel Andrade ont fait leur entrée sur la scène cinématographique équatorienne, sans oublier Sebastián Cordero.

Quant aux films qui ont marqué les esprits, on peut notamment citer : *Tesoro de Atahualpa*, de Augusto San Miguel (1924) ; *La Tigra (1990)*, de Camilo Luzuriaga, le doyen du cinéma équatorien ; *Ratas, Ratones, Rateros*, de Sebastián Cordero (1999) et du même réalisateur : *Investigations* (2004), *Rabia* (2009), Pescador (2011) et *Europa* (2013) ; Un *titán en el ring*, de Viviana Cordero (2002). Certaines productions comme *Fuera de juego, Qué tan lejos, Crónicas, Mientras llega el dia, Esas no son penas*, entre autres, ont dépassé les 600 000 entrées dans le pays et remporté un certain succès sur la scène internationale, notamment à San Sebastian, La Havane et à Sundance. Ce dynamisme de la production équatorienne a amené le gouvernement équatorien à approuver l'adoption de la première Loi du cinéma en 2006. Cette loi visant au développement du cinéma national a accéléré la croissance et la consolidation de l'industrie cinématographique équatorienne, et permet de soutenir des nouveaux projets cinématographiques (longs métrages de fiction ou documentaires), d'appuyer la post-production de longs métrages et la production de courts métrages et de films d'animation ou expérimentaux. Le CNCINE, Consejo Nacional de Cinematografía, est une institution chargée du développement de l'industrie cinématographique et audiovisuelle dans le pays, et de la promotion du cinéma national à l'étranger.

## Littérature

La culture indigène, basée sur la transmission orale, n'a pas laissé de trace écrite. Aussi faudra-t-il attendre le XVIII^e^ siècle et l'apogée de la cour de Quito pour voir l'apparition d'une littérature équatorienne. Jusqu'à cette époque, les écrivains espagnols, tel le poète Lorenzo Cepeda (frère de sainte Thérèse d'Avila), produisaient des œuvres d'inspiration religieuse en parfaite harmonie avec la domination écrasante de la langue castillane, imposée alors comme seule langue officielle par les conquistadores. Il aura donc fallu près de deux siècles après la fondation de San Francisco de Quito (l'actuel Quito) par Benalcazar pour voir apparaître les premières idées de liberté avec des écrivains créoles, à l'instar de Pedro Maldonado, célèbre géographe-cartographe (1710-1758), et le poète Juan Batista Aguirre (1725-1786). Pourtant, le véritable souffle de changement et d'indépendance viendra avec Eugenio Santa Cruz y Espejo (1746-1795) qui, après avoir mené des études de droit et de médecine, se lance avec vigueur dans la défense des opprimés, et en particulier des indigènes. Scientifique et écrivain, il publie en 1786 *Dissertation médicale*, où il esquisse des théories sur les maladies infectieuses et s'affirme comme un des précurseurs de la médecine moderne. Contraint à l'exil à Bogotá, il écrit son célèbre *Discours sur l'école de la Concorde* qui s'apparente à un manifeste en faveur de la révolution. Il meurt emprisonné à Quito en 1795 mais son combat politique marque le point de départ d'une génération d'écrivains indépendantistes, tels José Lequexica (1775-1813), José Olmedo (1780-1847) ou encore Vincente Rocafuerte (1783-1847) qui deviendra le deuxième président de la République équatorienne en 1835. Sur le plan littéraire, ce sont cependant deux auteurs originaires d'Ambato qui marqueront le XIX^e^ siècle de leurs œuvres : Juan León

Mera (1832-1894) avec *Cumanda*, qui traite de la vie des Indiens au XIXe siècle, et surtout Juan Montalvo (1832-1889) qui se distingua notamment par ses féroces critiques du président conservateur de l'époque, Gabriel Garcia Moreno. Deux de ses livres, *Sept Traités* et *Chapitres publiés par Cervantès* sont considérés comme des classiques de la littérature espagnole.
Au XXe siècle, comme pour la peinture avec Kingman et Guayasamín, c'est l'école indigéniste qui triomphe avec le romancier quiténien Jorge Icaza (1906-1978), connu sur le plan international grâce à *Huasipungo*, ouvrage relatant les difficultés des Indiens pour vivre sur les terres de leurs ancêtres. Il a également écrit *L'Homme de Quito*, paru aux éditions Albin Michel. Deux groupes d'auteurs se détachent par ailleurs du panorama littéraire contemporain. Apparu dans les années 1930, il faut signaler tout d'abord dans le sillage de Jorge Icaza, le groupe des cinq de Guayaquil (Lara, Malta, Gilbert, Diezcanseco et de la Cuadra). Ces auteurs se sont attachés à dévoiler les conditions de vie de la population de la côte. Le plus brillant d'entre eux fut certainement José de la Cuadra dont on retiendra deux romans, *Le Four* et *Les Singes affolés*. Un autre mouvement est apparu dans les années 1960, los Tzantzicos (les Réducteurs de têtes), et une nouvelle génération d'auteurs : Jaime Ponce, Javier Vásconez, Abdon Udibia, Jaime Galarza, Alberto Ortíz (spécialiste des communautés afro-équatoriennes de la région d'Esmeraldas).
Pour se procurer ou consulter l'une des œuvres citées, le meilleur moyen est de se rendre à la librairie Libri Mundi (ou Pomaire) à Quito et Cuenca.

*Musicien animant les ruelles du Vieux Quito.*

## Musique

**La musique andine**. Archéologues et historiens ont mis en évidence la présence d'instruments de musique dès les premiers âges de la culture précolombienne (flûtes et percussions), en particulier dans les Andes centrales (Equateur, Pérou et Bolivie), et dans une moindre mesure en Argentine, au Chili et en Colombie. Ainsi, la flûte de pan serait aussi ancienne que Jésus-Christ. De même des instruments étaient représentés sur de nombreuses céramiques de la région, dans le cadre de scènes religieuses ou de chasse jusqu'à la période inca. Elle se caractérise par la gamme pentatonique, qui émet des mélodies nonchalantes et teintées de nostalgie.

Véritable tradition orale jusqu'à l'époque inca, elle consistait essentiellement en chants dont les paroles se transmettaient de génération en génération. Avec l'arrivée des Espagnols, puis le trafic d'esclaves arrachés de leur terre africaine, la musique andine s'est enrichie de nouveaux instruments et langages musicaux. La guitare empruntée aux Ibériques occupe une place de choix dans la musique andine actuelle même si le charango (petite guitare) qu'on dit dater du XVIIIe siècle existait probablement avant l'époque coloniale sous une autre forme.

Par ailleurs, la marimba, haut xylophone se jouant debout et à plusieurs, présent des Caraïbes aux Andes, provient sans nul doute du balafon africain. Dans la Sierra, chaque fête religieuse s'accompagne de musique traditionnelle qui, selon les indigènes, serait un moyen d'entrer en contact avec la nature et ses déités. Les groupes de musiques se composent généralement d'au moins quatre personnes : flûtiste, guitariste, joueur de charango et percussionniste (sonnailles ou maracas), mais il y a souvent plusieurs joueurs par type d'instrument. En dehors des cérémonies religieuses, la musique andine s'écoute dans les peñas, tavernes de la Sierra accueillant très régulièrement des groupes de musique folklorique. Mais l'Equateur vibre aussi aux rythmes du pasillo, un dérivé de la valse, inventé au XIXe siècle durant les guerres d'Indépendance.

**Le pasillo**. Le pasillo est même la véritable musique nationale, qui connut son heure de gloire dans les années 1960 avec Julio Jaramillo, un chanteur originaire de Guayaquil. Ce style musical populaire est toutefois né au XIXe siècle et a très rapidement été associé à l'Equateur (et à la Colombie également). Des éléments du pasillo sont parfois utilisés dans la musique rock actuelle. Ces dernières années, on assiste à un regain d'enthousiasme pour cette musique qui était auparavant tombée en désuétude.

## Peinture et arts graphiques

**L'Ecole *quiteña*.** L'Équateur est connu depuis le XVIIe siècle comme un grand centre artistique, notamment d'arts plastiques. L'école de Quito est née de la conjugaison des concepts européens de peinture religieuse (catholique) du XVIe siècle, avec les nombreux savoir-faire artistiques des indigènes (tissage, sculpture, utilisation de la couleur...). Les musées d'Art colonial (Guayaquil, Quito...) et les églises recèlent d'œuvres de cette école, datant des XVIIe et XVIIIe siècles. Inspirés par les préceptes de la Renaissance, les artistes métis vont bientôt ajouter une touche indigène à leurs œuvres, créant le style baroque latino-américain. Les fines sculptures polychromes ou dorées à la feuille, des peintures religieuses toujours tragiques et teintées de douleurs aux couleurs profondes (rouge sang...) représentent ce style qui à l'époque était légion dans tous les pays d'Amérique du Sud. L'architecture a également subi la forte influence de l'école de Quito : intérieur baroque des églises, décoration de bois sculpté de motifs puis doré... L'école de Quito s'estompa avec l'avènement d'une nation équatorienne indépendante.

© STÉPHANE SAVIGNARD

*La céramique, une tradition artisanale de Cuenca.*



**Le XXe siècle et la naisssance de la peinture moderne.** Le XIXe siècle ne fut pas une époque marquante pour la peinture : un style néoclassique tout voué à célébrer les victoires des héros de l'indépendance décorait alors (et encore...) les riches murs des mairies et gouvernement qui se construisaient. Puis, le XXe siècle bien entamé, les préoccupations changent... Une fois les joies de l'indépendance passées, la population équatorienne subit toujours le même sort et les mêmes injustices : le pouvoir n'a fait que passer des mains d'une élite espagnole à celles d'une élite créole ou métisse privilégiée.

Eduardo Kingman (1913-1998) est le précurseur du mouvement indigéniste, qui s'élève comme une protestation au nom des basses classes toujours plus exploitées. Pour la première fois, des Indiens sont représentés sur des toiles, des fresques toujours dans des situations de labeur, de souffrance, de supplice. La noirceur, la tristesse ou l'angoisse caractérisent les œuvres de Kingman, bientôt suivi de Camilo Egas, de Manuel Rendón et enfin du peintre phare de l'Equateur contemporain : Oswaldo Guayasamín. Entretenant toujours un lien étroit avec les courants européens de la première moitié du XXe siècle (cubisme, surréalisme), la peinture équatorienne vit alors une époque très féconde. Le métis Guayasamín né en 1919 et disparu en 1999, n'a pas cessé de vouloir incarner dans sa peinture la société équatorienne. Dénonçant l'injustice dans ses œuvres colorées au style bien particulier, il est devenu en fin de vie le fervent défenseur d'un monde meilleur dont l'Homme occuperait le cœur, au-delà des frontières de son pays. Sa dernière réalisation, *La Chapelle de l'Homme* (*Capilla del Hombre*), œuvre architecturale à Quito, rend hommage aux victimes de la folie humaine.

# FESTIVITÉS

## Février

**CARNAVAL**

*En février et avril, en fin de semaine avant le Carême.*

Il est célébré dans tout le pays. La tradition veut que l'on jette seaux d'eau et ballons d'eau aux passants. Mais cette pratique est tombée en désuétude à cause de l'eau gaspillée.

**FÊTE DE L'AMAZONIE**

*Le 12 février.*

Commémoration de la découverte de l'Amazonie en 1542. Dans toute la région, on peut assister à des danses traditionnelles et à cette occasion, on boit la chicha, une boisson alcoolisée très appréciée.

On fête également les Galapagos ce jour là.

## Mars

**SEMANA SANTA**

www.semana-santa.org

*Semaine sainte, en mars ou en avril (selon le calendrier).*

Défilés et processions dans la capitale (et les autres grandes villes du pays). Les différentes congrégations arborent les représentations du Christ et de la Vierge des Douleurs, notamment. Les processions du Jeudi et du Vendredi saints sont les plus importantes. Les fidèles paradent avec des boulets aux pieds, en tenue de pénitent, déguisés en Christ...

## Juin

**INTI RAYMI**

*Les 21 et 22 juin. La fête du Soleil (Inti signifie Soleil en quechua).*

Cette célébration se déroule (depuis la Conquête) en l'honneur du Dieu Soleil. Les festivités ont lieu en juin et juillet, au moment du solstice d'été, dans la province d'Imbabura et sont concentrées dans la ville d'Otavalo. Les communautés indigènes vêtues de leurs habits traditionnels occupent la place principale pour symboliser leur révolte contre les colons.

## Juillet

**ANNIVERSAIRE DE SIMÓN BOLIVAR**

*Le 24 juillet.*

Commémoration de la naissance de celui que l'on surnomme le Libertador (né en 1783 à Caracas au Vénézuela, et mort le 17 décembre 1830 à Santa Marta en Colombie). Anti-impérialiste et nationaliste, il est une figure emblématique de l'émancipation des colonies espagnoles d'Amérique du Sud et a participé à l'indépendance de l'Equateur.

## Août

**FÊTE NATIONALE**

*Le 10 août.*

Dans tout le pays. Commémoration de l'indépendance de la capitale, Quito, obtenue en 1809.

# CUISINE ÉQUATORIENNE



## Produits et spécialités

La gastronomie équatorienne tire largement parti de la variété de ses ressources locales. Elle se révèle à travers des mélanges de saveurs originaux et une large gamme de viandes (volaille notamment), de poissons, de fruits et de légumes. Du fait de l'infinie variété des ressources naturelles, dues à la diversité topographique, ethnique et climatique du pays, on ne mange pas les mêmes plats en Amazonie, dans les hauts plateaux andins ou sur la côte Pacifique. Chaque région a ses spécialités, les accommodant selon des traditions séculaires et les adaptant au mode de vie et aux besoins énergétiques locaux.

On retrouve tout de même des aliments de base dans le régime alimentaire équatorien : le riz, la pomme de terre et le maïs (décliné sous une multitude d'espèces différentes). La viande est grandement consommée, souvent bouillie ou mijotée, rarement grillée – sauf le *cuy* (cochon d'inde d'élevage) préparé dans la Sierra, ou encore le cerdo hornado.

La cuisine équatorienne est avant tout très nourrissante, mais également variée et compte de nombreuses spécialités régionales. Vous mangerez très bien ! La cuisine est peut-être plus diversifiée sur la côte, où l'on se régale de poissons, coquillages et crustacés, de fruits et légumes. Dans la Sierra, on consomme beaucoup de riz, de maïs et de poulet. L'Equateur est un grand producteur de brocolis !

En règle générale, la cuisine équatorienne n'est pas épicée, mais l'ají, sauce à base de piments rouges frais, d'oignons et de coriandre, est très appréciée et accompagne de nombreux plats.

© STÉPHANE SAVIGNARD

*La chugchucara spécialité de Latacunga.*

Le panorama de la gastronomie locale serait incomplet sans le panier de fruits savoureux que le pays a à offrir. Grâce aux divers microclimats que l'on rencontre en Equateur, la variété de fruits est immense ; vous découvrirez d'ailleurs de nouvelles espèces. Parmi les fruits les plus répandus : pomme (*manzana*), poire (*pera*), banane, orange (*naranja*), ananas (*piña*), fraise (*fresa*), mûre (*mora*), mangue (*mango*), papaye (*papaya*), noix de coco, goyave (*guayaba*), tomate *de árbol* que l'on consomme sous forme de jus, fruit de la passion (*maracuya*), chérimole (*chirimoya*), grenadille (*granadilla*) ou encore babaco (se rapprochant de l'ananas).

## Boissons

**Eau.** Dans un pays où l'eau n'est pas toujours potable et toujours déconseillée à la consommation, on trouve de nombreuses marques d'eaux minérale et de source, gazeuses ou plates, vendues dans la moindre épicerie.

**Bière** qui tient lieu d'alcool national est de rigueur pour accompagner un repas. Les deux bières nationales (*cervezas*) sont la Pilsener, en bouteille d'un demi-litre, et la Club, en canette de 330 ml, plus chic, un peu plus chère et à teneur en alcool plus élevée. On trouve aussi des bières d'importation venues d'Europe, du Mexique ou du Brésil.

**Café.** Bien que le café soit le quatrième produit d'exportation de l'Équateur, les amateurs d'espresso à l'italienne ou même à la française n'en finiront pas d'être déçus. Ici, tout comme au Guatemala grand producteur de café, on consomme le café sous forme d'instantané en poudre *made in Colombia* et noyé dans du lait, ou sous forme de café bouilli jusqu'au suc (*esencia*), présenté sur les tables des cafés dans de petites fioles et que l'on verse dans une tasse d'eau chaude ou de lait.

**Colas.** Les boissons nationales sans alcool sont des boissons sucrées appelées colas ; Les Coca à la Fioravanti (limonade rose fluo très douce) sont consommées régulièrement aux repas. Outre les inévitables et internationaux Coca-Cola, Pepsi-Cola, Fanta, Seven Up et autre Sprite, les Équatoriens font une consommation effrénée d'autres boissons sucrées fabriquées localement sous la marque Fruit, aux saveurs variées mais pas toujours identifiables.

**Colada morada.** Boisson traditionnelle équatorienne préparée pour la Toussaint et que l'on aura donc l'occasion de déguster de fin octobre à mi-novembre. Très épaisse et sucrée, elle se compose de fruits rouges et est parfumée de diverses épices, dont la cannelle et le clou de girofle.

**Eau-de-vie.** L'alcool national est l'eau de feu (*aguardiente*), fabriquée à partir du sucre de canne. On le désigne assez souvent sous le terme générique de « trago ». Il est peu cher, mais ressemble fort à un tord-boyaux, méprisé par bon nombre d'Équatoriens eux-mêmes. Mélangé à du jus de naranjilla et à de la cannelle, c'est le délicieux canelazo qui se boit chaud par les soirées fraîches de la Sierra.

**Jus de fruits** (*jugo natural* ou *licuado de fruta*). Les réfractaires aux boissons alcoolisées trouveront leur bonheur en Equateur avec les jus de fruits concoctés à base de fruits frais poussant en abondance sur cette terre équatoriale.

Il en existe de toutes sortes, mais les plus proposés sont le jus d'ananas (*piña*), de mûre (*mora*), d'orange (*naranja*), de papaye (*papaya*), de fruit de la passion (*maracuya*), de tomate de arbol, de banane et de la *naranjilla*, un fruit local dont la saveur rappelle celle de la pomme et de l'orange. Pour éviter tout problème de santé causé par une eau non bouillie, lors de la commande d'un jus, bien préciser *jugo puro* ou *sin agua*.

- **Rhum** (*ron*). Le rhum local, servi sec ou en cocktail, peu cher, est de qualité médiocre. Il est omniprésent dans les fêtes équatoriennes (*pachanga*), souvent additionné de Coca Cola et de petits morceaux de citron vert (*lime*) pour donner le fameux cuba libre. Les rhums étrangers, notamment des Caraïbes, sont plus prisés.

## Habitudes alimentaires

Au cours de votre voyage, vous aurez le choix parmi de multiples propositions culinaires. Cependant, un monde sépare les grands restaurants de Quito, Guayaquil ou Cuenca, des *comedores* (cantines) qui jalonnent les routes du pays. Dans les petits étals des marchés (fermés le soir), on déguste au coude à coude une cuisine populaire, et principalement un petit déjeuner traditionnellement copieux (soupe et ragoût) et un déjeuner généralement composé d'une soupe et d'un plat. La cuisine est préparée dans de grandes marmites et servie jusqu'à épuisement du stock.

Dans les restaurants bon marché, on sert l'almuerzo, c'est-à-dire le déjeuner, entre 11h30 et 13h30 environ. Pour moins de 3 US$ vous aurez une soupe, un plat principal (*plato fuerte*) de viande ou de poisson avec du riz ou légumes, parfois un dessert (*postre*) ou un fruit/jus de fruits frais.

Les *cevicherias* sont spécialisées dans le *ceviche* de coquillages, poissons ou crevettes, servis le midi. Il est conseillé de déguster des ceviches sur la côte ou dans les restaurants de poisson et de fruits de mer en ville ; sur les stands ambulants, le poisson est rarement frais... La recette de *ceviche* est différente en Equateur et au Pérou, où le ceviche est cuit et accompagné de patate douce et de maïs.

Les *chifas* sont les restaurants sino-équatoriens dont la spécialité est le *chaulafan*, un plat unique, copieux et très populaire à base de riz sauté, de viande (bœuf, poulet, poisson, crevettes) et de légumes. Par ailleurs, on trouve de nombreuses *parilladas* (restaurants spécialisés dans les grillades).

© STÉPHANE SAVIGNARD

*L'aji, le maïs et le citron sont sur toutes les tables d'Esmeraldas.*

DÉCOUVERTE

## Ecua-volley

Si le football mobilise tous les Equatoriens les soirs de matchs et en période de Mondial, un autre sport à la cote : l'ecua-volley, le sport le plus apprécié après le football, et qui n'est pratiqué qu'en Equateur. Il s'agit d'un volley-ball réadapté par les Equatoriens eux-mêmes, qui ont transformé les règles. L'ecua-volley se distingue du volley-ball traditionnel par le nombre de joueurs (trois dans chaque équipe), le ballon (un ballon de football en plastique généralement) et le style de jeu (la réception et les passes se font avec la paume des deux mains, alors que le *smash* est remplacé par une passe appuyée de volley normal ; le ballon est simplement poussé vers le camp adverse).

Les puristes du volley-ball seront surpris par les collés, qui ne constituent pas une faute mais la réception normale de la balle, et par le fait que le service est souvent assuré par une même personne, mais ils seront gagnés par l'enthousiasme qui soutient le moindre match local. L'ecua-volley est présent partout et les paris autour des aires de jeu sont fréquents – comme au football d'ailleurs, où il est de coutume de jouer une somme d'argent qui équivaut au prix d'une boisson pour chaque joueur. Le parc de la Carolina à Quito rassemble tous les week-ends des centaines de pratiquants amateurs de ces deux sports, dans un cadre très agréable en plein centre-ville.

## Football

L'histoire d'amour entre le continent sud-américain et le football prend souvent la tournure d'une véritable religion, tant ce sport déchaîne des passions populaires sans commune mesure avec ce que l'on peut vivre en Europe. L'Equateur n'échappe pas à cette règle et la première participation de l'équipe nationale des Condors au Mondial de 2002 a été l'événement marquant de l'ère footballistique du pays. La seconde participation, au Mondial de 2006, a suscité une ferveur inégalée, laquelle a atteint toutes les couches de la population sans exception. L'équipe ne réédite pas l'exploit de se qualifier pour la coupe du monde 2010 en Afrique du Sud ; elle se qualifie pour le Mondial 2014 au Brésil, mais ne passe pas les phases de poule. Le foot est bel et bien roi aussi bien dans les Andes que sur la côte, même si ce sont les clubs de Guayaquil qui pratiquent, aux yeux des observateurs, le football le plus « brésilien » et qui rassemblent le plus de public. Sans conteste l'équipe n° 1 du pays est le Barcelona de Guayaquil qui, il est vrai, dispose d'un budget conséquent grâce notamment à son stade de 60 000 places, El Monumental. Il ne faudrait, certes, pas oublier ses principaux rivaux : Emelec (Guayaquil), mais aussi l'ennemi juré car il vient de la Sierra et de la capitale, le Nacional de Quito. Pour tout arranger, ce club se trouve être l'équipe de l'armée, ce qui vaut des affrontements très houleux lors des phases finales du championnat, qui

se joue chaque année entre ces clubs, symboles de deux mondes diamétralement opposés tant sur le plan culturel, qu'économique ou politique.
L'équipe d'Equateur de football est constituée par une sélection des meilleurs joueurs du pays, sous l'égide de la Federación Ecuatoriana de Fútbol (FEF).

## Andinisme (ou alpinisme)

Relativement peu pratiquée, compte tenu des immenses possibilités du pays, cette activité s'est beaucoup développée ces dernières années et attire de plus en plus de visiteurs étrangers. De nombreuses agences se sont spécialisées et proposent des expéditions avec des guides bien entraînés. La location de matériel est aussi possible. Consultez les spécialistes locaux, et surtout ne vous aventurez pas seul sur les pentes des plus hauts volcans du monde. Ces superbes volcans demeurent accessibles une grande partie de l'année avec les équipements et les accompagnateurs adaptés aux difficultés qu'ils représentent. Il est bon de rappeler que ces massifs dépassent 5 500 m d'altitude alors que le mont Blanc culmine à 4 807 m. Toutefois, un manque d'information certain et un laisser-aller de la part des autorités équatoriennes ou des agences organisatrices, peut provoquer des situations dangereuses pour les randonneurs, car de nombreux guides locaux manquent de professionnalisme et prennent des risques inconsidérés. N'oubliez pas que, sur ces sites, il n'existe pas de moyen de communication ni de sauvetage moderne. Seuls les gens qui vous accompagnent peuvent vous sortir d'un mauvais pas, et les hôpitaux se trouvent en général à plusieurs heures de voiture.Les amateurs de haute montagne pourront se délecter d'aventures inoubliables dans les Andes équatoriennes en toute sécurité s'ils ne forcent pas le destin. Car celui-ci peut être cruel avec les amoureux d'espace et de nature comme cela a été le cas en novembre 1993 où six Français, trois Équatoriens et un Suisse ont trouvé la mort en escaladant le Chimborazo. Cet exemple, loin d'être unique malheureusement, nous pousse à vous conseiller la prudence avant d'entreprendre quelque ascension que ce soit.

DÉCOUVERTE

*Sentier menant au sommet de l'île Bartolomé, Galápagos.*

## Canoë, rafting et kayaking

Ces disciplines à fortes sensations se développent de plus en plus dans le pays, car les aventuriers du monde entier découvrent les innombrables possibilités qu'offre le réseau fluvial. En effet, fleuves et rivières équatoriens sont fort adaptés à ce type de sport. Enchâssés entre des rives escarpées sur la Costa ou dans la Sierra, ils déroulent leur impétuosité au milieu d'une végétation sauvage. Pour la Costa, les plus intéressants sont le río Toachi, près de Santo Domingo, entre Alluriqu'n et Valle Hermoso. Plus au sud, le plus beau est le Pyango qui traverse une part de la province de El Oro. Dans la Sierra, pour son volume, le río Paute est le plus indiqué.En Amazonie, au milieu de la végétation luxuriante, de nombreuses rivières offrent des descentes de difficultés variées. On pourra emprunter le río Quijos, la cascade de San Rafael dans la province de Napo, et les ríos Anzu et Bobonaza, dans la province de Pastaza. Partout, des clubs louent matériel et guides, ces derniers indispensables autant que les équipements.

## Equitation

Le cheval demeure un moyen de déplacement traditionnel dans les campagnes. Dans les haciendas des Andes, les chevaux font partie du patrimoine et on les élève dans le respect des traditions. De nombreux propriétaires d'haciendas possèdent de belles écuries et utilisent leurs montures à des fins de loisir ou sportives. Vous pourrez pratiquer l'équitation qui est un excellent moyen de découvrir certaines régions peu accessibles, comme les régions de montagne (autour du Cotopaxi notamment). Des randonnées à flanc de montagnes pour découvrir de splendides haciendas isolées au cœur de leurs terres, gravir les pentes escarpées des volcans et profiter de paysages inaccessibles et magiques, parcourir le chemin de l'Inca qui traverse les Andes du nord au sud jusqu'au Pérou, ponctué de petits hameaux... De multiples possibilités s'offrent aux cavaliers. Dans les régions côtières en revanche, les chevaux sont beaucoup moins présents.

## Pêche à la mouche ou au gros

On peut pêcher sans problème en eau profonde ainsi qu'en bord de plage, ou en rivière. Les meilleurs sites de la Costa sont Atacames, Bahía de Caráquez, Pedernales, Jambelí ou Puerto Bolívar. Dans la Sierra, on préférera les lacs les plus calmes et très poissonneux comme le sont Mojanda, Papallacta, San Pablo, Mica ou Colta. La truite y est la plus recherchée. L'Amazonie est le paradis du pêcheur. Le Napo, l'Aguarico, le Tiputini ou le Jivino pullulent de silures, piranhas et autres anguilles électriques, et les lacs comme Limoncocha, Yuturi ou Pañacocha ne sont pas en reste.

## Surf

La Costa équatorienne connaît un franc succès depuis quelques années. Les surfeurs avertis – ou débutants – passent tous par Montañita où, le soir, la fête bat son bat, mais aussi par Canoa, un peu moins connu (à l'heure actuelle). Les hébergements proposent souvent des cours de surf et des boutiques de location de matériel ont ouvert leurs portes.

# ENFANTS DU PAYS

## Jorge Enrique Adoum

Né à Quito en 1926 de parents d'origine libanaise, poète, romancier, essayiste et critique, figure de proue de la littérature équatorienne, il fut le secrétaire de Pablo Neruda (qui a dit, en l'évoquant alors qu'Adoum n'avait que 26 ans, que l'Equateur possédait là le meilleur poète de l'Amérique latine), et dirigea la maison de la culture équatorienne. Il a reçu de nombreux prix littéraires dont le prix national de la poésie en 1952 (Los Cuadernos de la Tierra), le prix Casa de las Américas en 1960 (Dios trajo la Sombra) et, en 1989, le prix national de la culture Eugenio Espejo pour l'ensemble de son œuvre. Il meurt à Quito en juillet 2009.

## Rafael Correa

Né le 6 avril 1963 à Guayaquil, Rafael Correa est élu, à 43 ans, Président de la République le 26 novembre 2006. Économiste formé aux États-Unis et en Belgique, il entame par la suite une carrière de professeur a la prestigieuse université de Quito avant de prendre en charge le ministère de l'Économie et des Finances auprès du président intérimaire Alfredo Palacio, nommé pour remplacer le président destitué Gutiérrez. En raison de graves désaccords avec le président, il claque la porte du gouvernement. Ce catholique pratiquant, marié à une Belge, Anne Malherbe, et père de trois enfants prone une Révolution citoyenne visant à élever le niveau de vie des plus pauvres, à améliorer les infrastructures (les routes, notamment), le système de santé et d'éducation, à réduire la corruption dans le secteur public et privé, à démocratiser les moyens de production… Il a été réélu au premier tour en février 2013 pour un mandat de quatre ans.

*Baños.*

## Andrés Gómez

Originaire de Guayaquil, cet as de la raquette fut classé parmi les tout premiers joueurs internationaux de tennis dans les années 1980. Il gagne Roland-Garros en 1990.

## Julio Jaramillo

Ce célèbre musicien équatorien, chantre du pasillo, est né dans un quartier modeste de Guayaquil le 31 octobre 1935. Sa chanson Nuestro Juramento lui assura une immense popularité dans tout le sous-continent qui le consacra comme le chanteur du siècle. Il mourut le 9 février 1978 et fut veillé dans le palais municipal de sa ville natale où une foule innombrable vint lui rendre un dernier hommage.

## Pedro Vicente Maldonado

Considéré comme le scientifique et géographe le plus important d'Amérique Latine. Pedro Vicente Maldonado est né à Riobamba en 1704 et mort à Londres en 1748. Il a collaboré avec les académiciens français (La Condamine, Bouguer, Godin et Jussieu) lors de leur mission géodésique (1736-1744) dont le but était de déterminer la « figure de la Terre ».

Il est le premier a avoir tracé la route entre la Costa et Quito, et a également tracé la carte de la Province de Quito (avec C.-M. de la Condamine). Il fut également gouverneur de la Province d'Esmeraldas.

*Visage équatorien au nord d'Ibarra.*

# VISITE

*Le cloître de l'église de San Francisco, havre de calme au cœur de la ville coloniale.*

© STEPHANE SAVIGNARD

# QUITO ET SA RÉGION

## QUITO ★★★★

Au cœur des Andes équatoriennes, à 22 km de la ligne équatoriale, se trouve le centre historique de Quito, le moins modifié et le mieux préservé d'Amérique latine. La capitale de l'Equateur s'étire sur un plateau de 12 000 m, à 2 850 m d'altitude, au pied du colossal volcan Pichincha et de son sommet enneigé (4 747 m) qui semblent veiller sur elle. Ceinturée par les montagnes, Quito, la seconde plus haute ville du monde après La Paz, capitale de la Bolivie, n'est pas sans évoquer une forteresse. Une forteresse qui abrite plus de 2 millions d'habitants. Mégapole bourgeoise au parfum colonial, ville pleine de contrastes à l'égal du pays, Quito s'éveille souvent sous un ciel capricieux et une pluie tiède et battante. Et parfois, le soleil équatorial apparaît majestueusement au-dessus des cimes des volcans et brille toute la journée d'une lumière crue. Ses nuits claires permettent de contempler les constellations des deux hémisphères, nord et sud.

Cette belle cité est entouré d'espaces verts constitués par la colline de San Juan et le parc de la Carolina au nord, la colline de la vierge du Panecillo au sud, les flancs du volcan Pichincha à l'ouest et la colline d'Itchimbia à l'est. Avant la conquête espagnole, les trois collines quiténiennes – Panecillo, San Juan et Itchimbia – étaient couronnées de temples dédiés au soleil, à la lune et aux morts. La circulation automobile rend l'air difficilement respirable aux heures de pointe, sans compter que l'oxygène est déjà rare à cette altitude. Il convient donc de se ménager physiquement à l'arrivée et de laisser un peu de temps à votre organisme pour qu'il s'habitue à ces nouvelles conditions.

Quito est une cité gaie – les Quiténiens sont chaleureux et hospitaliers – et affairée : dès le petit matin, les rues sont envahies par une population métissée. À l'instar de beaucoup de grandes villes d'Amérique latine, où la richesse côtoie la pauvreté, Quito a aussi son quota de misère et les histoires de vol font partie du quotidien. Prudence et vigilance sont donc de rigueur, surtout à la nuit tombée dans le quartier de la Mariscal (ville nouvelle) et le centre historique.

### Ville coloniale ★★★★

La vieille ville est un immense musée à ciel ouvert abritant une quarantaine d'églises et de chapelles, une quinzaine de couvents et de monastères, et autant de petites places et parvis, de salles capitulaires et de réfectoires, plus d'une dizaine de musées, une vaste collection de maisons de légende et une activité incessante qui transforme chaque coin de rue en lieu de vie. Le centre historique, classé au patrimoine culturel de l'Humanité par l'Unesco le 8 septembre 1978 est dépositaire d'une histoire encore plus ancienne que celle de ses édifices. Située au cœur de la ville, détruite et reconstruite à plusieurs reprises au cours des siècles, l'ancienne capitale du royaume de Quito et des civilisations précolombiennes témoigne de la splendeur de l'Amérique latine baroque, mélange d'influences espagnoles et flamandes. Ses racines indiennes sont encore ancrées dans la ville et ce métissage fait son charme.

### ■ BASÍLICA DEL VOTO NACIONAL

Carchi 122 y Venezuela
✆ +593 2 228 9428
Trolebus, arrêt La Alameda.
Sa construction débuta en 1882 et elle n'est pas encore achevée... Selon la légende, lorsqu'elle le sera, un cataclysme frappera la ville de Quito ! C'est l'une des dernières manifestations idéologiques de l'Eglise catholique. Aujourd'hui, cette basilique est la construction gothique la plus grande d'Equateur, et même d'Amérique latine. Elle est ornée de gargouilles inspirées de la faune du pays et des Galápagos : iguanes, tatous, tortues, singes, pumas. Si vous allez la visiter, n'oubliez pas de grimper en haut des tours. De là haut, la vie est impressionnante ; on aperçoit l'ensemble de la vallée, du Quito moderne au Quito colonial jusqu'à la colline du Panecillo.

### ■ CALLE LA RONDA

Morales
Entre Venezuela y Parades
C'est une des plus jolies rues du vieux Quito. Il ne faut pas manquer d'y faire un tour à condition toutefois de se montrer vigilant car elle n'est pas toujours bien fréquentée ; éviter de s'y promener seul(e) et avec des objets de valeur ou de l'argent la nuit tombée. Cette rue conserve tout le charme de la ruelle traditionnelle d'un village espagnol, étroite et escarpée avec son enfilade de vieilles maisons aux façades coloniales, aux murs blancs, aux toits de tuiles et aux balcons ouvragés. Preuve de sa valeur esthétique, la rue Ronda est souvent reproduite par les aquarellistes du parc El Ejido. La maison située aux numéros 949 et 963 (elle possède deux entrées), véritable bijou colonial, est l'une des plus anciennes de Quito. Les nonnes de ce Hogar de La Paz (foyer de la paix) accueillent les enfants déshérités (visi).

### ■ CAPILLA DE CANTUÑA

Plaza San Francisco
C/ Cuenca y Bolívar
✆ +593 2 228 1124 /
+593 2 228 2545
On trouve la chapelle sur le flanc de l'église de San Francisco, au cœur du centre historique. Cantuña est l'Indien qui termina la construction de l'église après avoir passé un pacte avec le diable. La chapelle qui lui est dédiée est magnifiquement décorée et comporte un autel somptueux, pièce maîtresse du sculpteur Bernardo de Legarda.

### ■ CASA DE SUCRE

C/ Venezuela 573 y Sucre
✆ +593 2 295 2860
La superbe demeure coloniale de la famille du maréchal Sucre, construite à la fin du XVIIe siècle dans le style colonial, est devenue propriété du gouvernement en 1972. Restaurée et décorée comme le fut à l'époque la demeure des époux Sucre, cette somptueuse maison est devenue un musée en 1974. Les pièces sur deux niveaux surplombent une galerie encadrant un charmant patio, rafraîchi par une fontaine et décoré de plantes vertes. Les œuvres d'art, dues à des artistes anonymes, sont d'origine. L'épopée du Maréchal est retracée dans une salle qui lui est dédiée (armes, trophées, drapeaux). Divers objets et le mobilier évoquent la vie domestique de l'époque.

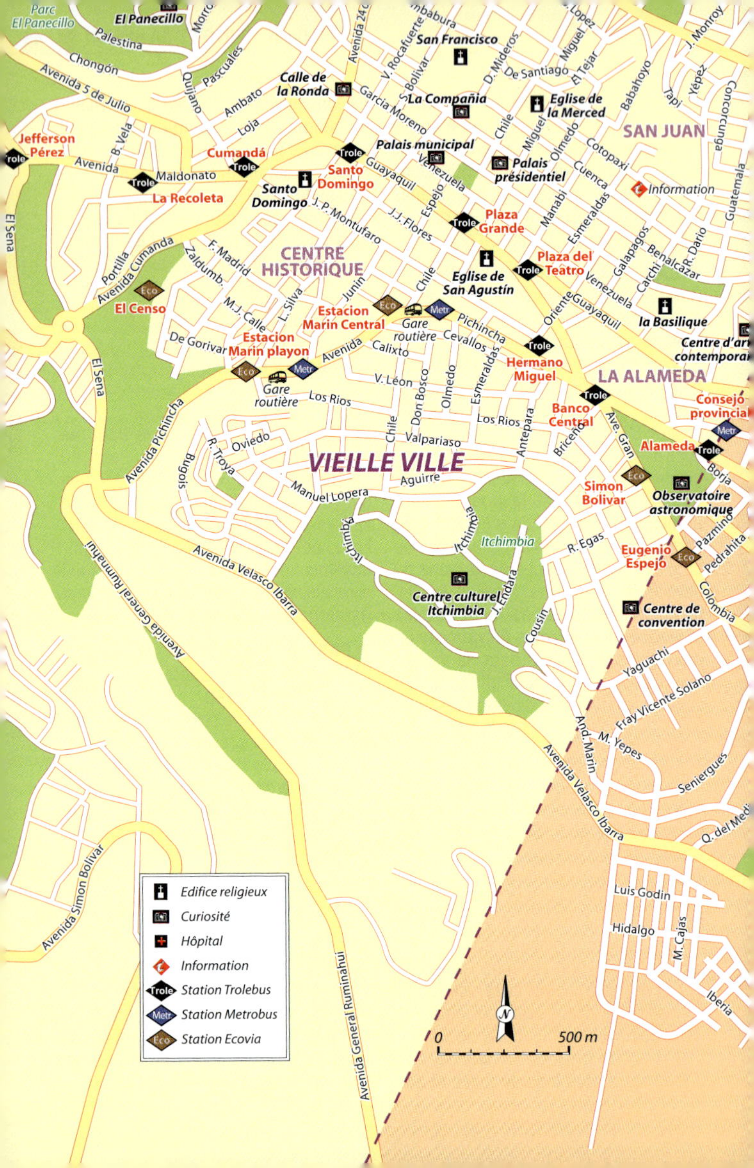
Parc El Panecillo
El Panecillo
Palestina
Chongón
Avenida 5 de Julio
Jefferson Pérez
Cumandá
La Recoleta
Maldonato
Avenida
Calle de la Ronda
San Francisco
La Compañia
Eglise de la Merced
SAN JUAN
Palais municipal
Palais présidentiel
Santo Domingo
Information
Plaza Grande
Plaza del Teatro
Eglise de San Agustín
CENTRE HISTORIQUE
El Censo
Estacion Marin Central
Estacion Marin playon
Gare routière
la Basilique
Centre d'art contemporain
Hermano Miguel
LA ALAMEDA
Banco Central
Consejo provincial
Alameda
VIEILLE VILLE
Simon Bolivar
Observatoire astronomique
Itchimbia
Centre culturel Itchimbia
Eugenio Espejo
Centre de convention
Avenida Velasco Ibarra
Avenida General Rumiñahui
Avenida Simon Bolivar
Avenida Pichincha
Avenida Cumanda
Edifice religieux
Curiosité
Hôpital
Information
Station Trolebus
Station Metrobus
Station Ecovia
0
500 m

Parc Vulqano
Téléphérique
Avenida Mariscal Antonio José de Sucre
N. Martinez
Independencia
Tegucigalpa
Avenida Mariscal Antonio José de Sucre
Enrique Reiter
Berrueta
I. Quezada
Juan Acevedo
Ugarte y Sarravia
J. Lizarazu
D. Espinar
J.F. de Recalde
Avenida La Gasca
Benjamin Chavez
P. de Léon
Ant. Munive
Domingo Espinar
Ave. E. Salgado
Nicaragua
New York
Panama
Canada
Estados-Unidos
Mexico
Rio de Janeiro
Asuncion
Avenida Universitaria
Santa Rosa
J. Leyton
P. Palacio
Diedo Zorrilla
Nuñez de Bonilla
Arriola
Humberto Albornoz
Bolivia
Hôpital C. Andrade Marin
VILLE NOUVELLE
Buenos Aires
Bogota
Venezuela
Portoviejo
Ugarte
De Utreras
J. Valentin
Selva Alegre
B. De Las Casas
La Isla
Caicedo
La Isla
Escuela
Metr.
I.ES.S
Metr.
M. Valera
Metr.
Versailles
Avenida América
Avenida La Gasca
Estacion Seminario Mayor
Fray Gaspar de Carvajal
Cuero y Caicedo
San Gabriel
Metr.
Espejo
Juan Salinas
Santiago
Hôpital anglais
18 septiembre
Metr.
Perez Guerrero
Antonio de Ulloa
Metr.
Avenida América
De Castilla
Trole
Ejido
Ave. Diez de Agosto
Versailles
J. Murillo
Mariscal
Trole
El Ejido
Arco de El Ejido
Santa Clara
Trole
La Circasiana
Antonio de Ulloa
Versailles
Quito
Jorge Juan
9 de Octubre
Ave. Patria
Davallos
Ventimilla
Trole
Colón
Ave. Diez de Agosto
Cuero y Caicedo
Jorge Juan
Parc Arbolito
Eco
Casa de la cultura
Avenida Rio Amazonas
J. L. Mera
LA MARISCAL
Avenida Cristobal Colon
Av. Francisco de orellana
Avenida General Eloy Alfaro
Trole
Trole
Mariana de Jesús
Casa de la cultura
Galo Plaza
Eco
Washington
V. R. Roca
J. Carrion
Ventimilla
Baquedano
Inglaterra
Alemania
Italia
Polonia
Hungria
Mariana de Jesus
F. Robles
Académie d'histoire
Avenida 6 de diciembre
Wilson
Plaza El Quinde
Information
Luis Cordero
Santa Maria
Ave. La Catolica
Avenida 12 de octubre
Manuela Cañizares
Eco
L. Garcia
Reina Victoria
Diego de Almagro
La Niña
Avenida Rio Amazonas
LA CAROLINA
Andalucia
Caamaño
J. Tamayo
Luis Cordero
Baca Ortiz
Eco
Y. Rinzon
LA FLORESTA
J. Rodriguez
La Pradera
San Salvador
Aguilera
Jardin botanique
Hôpital Baca Ortiz
Avenida Cristobal Colon
Orellana
Eco
Avenida Diego de Almagro
Avenida de la Republica
Alpallana
A. Navarro
Madrid
Avenida Toledo
Andalucia
Valladolid
Lérida
Pontevedra
San Javier
la Colina
Avenida Francisco de Orellana
Horizonte
Eco
La Paz
San Martin
Eco
Guipuzcoa
Lugo
F. Salazar
San Ignacio
Avenida la Coruña
E. Whimper
Madrid
Avenida la Coruña
Sevilla
Naboa
Humbolt
J. de Espada
Boussingault
O. Guayasamin

## CASA DEL ALABADO – MUSEO DE ARTE PRECOLOMBINO

Cuenca N1-N41 y Bolivar
✆ 2280940
Ce Musée a ouvert ses portes en 2010. La Casa del Alabado se situe en plein cœur du Quito historique dans une superbe et grande maison coloniale datant du XVIIe siècle. On compte près de 5 000 pièces exposées dans les salles organisées selon différents thèmes. Parmis ces objets, un patrimoine archéologique hallucinant !

## CATEDRAL DE QUITO

Plaza de la Independencia
(plaza Grande)
✆ +593 2 257 0371
Edifiée entre 1550 et 1562, elle fut réaménagée à diverses reprises. Mélange de styles andalou, gothique, néoclassique (entrée principale) et baroque, la cathédrale, traditionnelle croix latine, renferme de nombreuses œuvres de l'école *quiteña* : peintures de Miguel de Santiago (*la Muerte de San José* et *la Dormición de la Virgen*), de Manuel Samaniego (la Coronación de la Virgen), sculptures de Manuel Chilli, dit Caspicara. L'autel peint est particulièrement remarquable. Dans la chapelle contiguë à la sacristie, reposent les restes du maréchal Sucre, le héros de l'Indépendance.

## CENTRO DE ARTE CONTEMPORRÁNEO EL BICENTENARIO

Luis Dávila y Venezuela
Quartier de San Juan
✆ +593 2 398 8800
Le centre d'Art contemporain « El Bicentenario » se trouve dans l'enceinte de l'ancien hôpital militaire, dans l'emblématique quartier de San Juan, au cœur de la ville. La construction de cette impressionnante œuvre architecturale débuta en 1900 et fut achevée en 1929 pour devenir un hôpital antituberculeux. Aujourd'hui, ce bâtiment a été rénové afin d'accueillir un centre culturel et artistique.

## IGLESIA DE LA COMPAÑIA DE JESUS

García Moreno y Sucre
✆ +593 2 258 1895
La construction de cette église a demandé 170 ans aux jésuites, entre 1605 et 1775. De style baroque exceptionnel, c'est l'une des églises les plus riches d'Amérique latine. Sa façade de pierre volcanique est magnifiquement sculptée, ornée de doubles colonnes salomoniques, copie de celles de Bernini du Vatican. La somptueuse décoration intérieure est d'inspiration maure et comprend fruits, oiseaux, cariatides, le tout recouvert de feuilles d'or. L'autel principal reproduit, dans une extraordinaire débauche d'or, les colonnes salomoniques de la façade.

## IGLESIA DEL SAGRARIO

Garcia Moreno 881 y Espejo
✆ +593 2 228 4398
La principale chapelle de la cathédrale était à l'origine dédiée au culte du Saint-Sacrement et date du XVIIe siècle. La somptueuse entrée, avec ses colonnes salomoniques couvertes de décorations et de têtes d'angelot, nous rappelle le style de l'artiste Bernardo Legarda. A l'intérieur, on peut admirer de nombreuses œuvres de l'école quiteña, également représentatives du style de Legarda.

## IGLESIA Y CONVENTO DE LA MERCED

Eglise : Mejia OE6-111 y Cuenca
Couvent : Chile e Imbabura
✆ +593 2 228 0743

Construit à partir de 1559 dans un style mauresque et baroque, ce complexe (église et couvent) s'appelait à l'origine San Juan de Letran. Il renferme des sculptures de Bernardo de Legarda, dont un retable élaboré au XVIIIe siècle, ainsi que des œuvres de Miguel de Santiago, de Goribar, des peintures à l'huile de Samaniego (époque coloniale) et autres grands artistes. On y trouve aussi des œuvres d'artistes du XIXe siècle comme Luis Cadena et Joaquin Pinto (Via crucis del Templo) et les *Miracles de la vierge de la Merced* du peintre Luis Mideros, réalisés dans la première moitié du XXe siècle.

## ■ IGLESIA Y CONVENTO DE SAN FRANCISCO

Plaza San Francisco
Cuenca 477 y Sucre
✆ +593 2 295 9911
Sur la grande place se dresse l'église la plus ancienne de Quito ainsi que son monastère, San Francisco. Seulement quelques semaines après la fondation de la ville, en 1534, commença la construction de cette église. Elle fut terminée 70 ans plus tard. L'ensemble fut créé par le franciscain Fray Jodoco Rico ; une statue sur le parvis lui rend d'ailleurs hommage. Il faut savoir que ce complexe religieux est l'un des plus vastes d'Amérique du Sud (3 ha).

## ■ IGLESIA Y CONVENTO EL CARMEN BAJO

Olmedo y Venezuela
✆ +593 2 258 1739
A l'origine, le couvent de El Carmen Bajo fut fondé en 1669 à Latacunga (ville située à 2 heures de Quito), mais fut détruit par un tremblement de terre en 1698. A l'intérieur, on retrouve l'héritage des carmélites. On prendra le temps de visiter la charmante chapelle du XVIIIe. Au cœur de la crypte, la marquise Mariana Carcelén a caché en secret les restes de son mari le maréchal Sucre. Quelques années plus tard, au début du XXe siècle, ils furent déplacés dans la cathédrale (et y sont toujours aujourd'hui).

## ■ IGLESIA Y MONASTERIO DE SAN AGUSTÍN

Guayaquil 924 y Chile
✆ +593 2 295 5525
Derrière les lourdes portes en bois, couvertes par une entrée taillée dans la pierre, se trouve une superbe église datant du XVIe siècle. Ses travées sont décorées de peintures de l'artiste Miguel de Santiago représentant la vie de saint Augustin et ornées de magnifiques retables somptueusement ouvragés. Le plafond est également remarquable. Endommagée par les tremblements de terre successifs, elle a été restaurée à plusieurs reprises. Dans la salle capitulaire s'ouvre une crypte profonde. La chaise et la table ont servi à la signature de l'acte d'indépendance nationale le 10 août 1809.

## ■ IGLESIA Y MONASTERIO DE SAN DIEGO

Calicuchima 117 y Farfán
Un peu à l'écart du centre-ville, au pied du Panecillo, ce monument offre certainement l'une des plus belles visites du Quito colonial. Mieux vaut s'y rendre en taxi. Le monastère, où vivent toujours une quinzaine de sœurs, est en parfait état (il a été rénové avec la participation du Banco Central). Il faut le visiter dans sa totalité, sans oublier les chapelles.

### MONASTERIO DE SANTO DOMINGO

Plaza Santo Domingo
Flores 150 y Bolívar
✆ +593 2 228 2695

L'une des grandes places du quartier colonial, la plaza Santo Domingo est quelque peu défigurée par les arrêts du trolebus. L'église domine la place au centre de laquelle se dresse un monument dédié au maréchal Sucre. Construite à partir de 1581, sous la direction de Francisco de Becerra, un architecte espagnol originaire d'Estrémadure, l'église connaîtra des restaurations qui lui redonneront un peu de sa splendeur originale dont témoignent encore le ciel étoilé de la nef principale et la représentation de la Vierge, cadeau de Charles V. Le chapelle baroque, rouge et or, est remarquable. Aujourd'hui, l'église comporte trois nefs de stylte néoclassique et un toit de style mudéjar.

### MUSEO ALBERTO MENA CAAMAÑO

García Moreno 887 y Espejo
✆ +593 2 258 4363
www.centrocultural-quito.com

Le musée Alberto Mena Caamaño fait partie du Centro Cultural Metropolitano. La salle permanente « De Quito al Ecuador » fut inaugurée en 2002. Elle couvre 1 006 m² et renferme une collection inestimable d'objets et de documents historiques datant de la Real Audiencia de Quito, depuis 1736 jusqu'à l'instauration de la République en 1830.

### MUSEO-CASA MARIA AUGUSTA URRUTIA

Garcia Moreno N2-60
Entre Sucre y Bolivar
✆ +593 2 258 0103 – www.fmdj.org

Bel exemple d'architecture et de décoration du XIXe siècle, cette maison bourgeoise se déploie sur deux niveaux autour d'un patio fleuri. Mobilier et ambiance d'époque invitent à un voyage dans le temps. Ce fut la maison de Augusta Urrutia qui vit Dieu dans le visage des plus pauvres. Le musée abrite pièces, objets du quotidien et mobilier équatorien, depuis la colonisation jusqu'au XXe siècle.

### MUSEO DE ARTE COLONIAL

Casa de la Cultura Ecuatoriana
Cuenca 415 y Mejia
✆ +593 2 228 2297

Dans une belle demeure coloniale datant du XVIIIe siècle, avec patio intérieur et fontaine, on découvre retables, sculptures et peintures des XVIe, XVIIe et XVIIIe siècles. Une salle est consacrée à de remarquables miniatures religieuses. Ce musée renferme les trésors artistiques du patrimoine national. Au total, dix salles d'expos permanentes et deux salles pour des expos temporaires.

### MUSEO DE LA CIUDAD

García Moreno E1-47 y Rocafuerte
✆ +593 2 228 3879
www.museociudadquito.gob.ec

Installé dans une belle demeure coloniale du XVIe siècle qui abritait l'hôpital de la Misericordia de Nuestro Señor JesucristoSan, ensuite appelé Juan de Dios, ce musée, qui est l'un des plus intéressants de Quito, retrace l'histoire de la capitale et raconte le mode de vie de ses premiers habitants jusqu'au XVIIe siècle, à travers des reconstitutions d'intérieurs de maison, événements et fêtes, avec une belle collection de costumes notamment. Une visite très instructive et des expositions temporaires variées.

## MUSEO FRAY PEDRO GOCIAL

Plaza San Francisco
Cuenca 477 y Sucre
✆ +593 2 228 1124 /
+593 2 228 2545

Derrière l'imposante façade blanche de l'église de San Francisco se trouve le musée religieux le plus important d'Amérique latine. Dans l'enceinte du couvent, les pères franciscains y avaient établi leur école : El Colegio de Arte y Escultura San Andrés où l'on y enseignait l'art de la peinture et de la sculpture. Les œuvres sont aujourd'hui réparties dans les différentes églises de la ville. Ce havre de paix contraste avec l'agitation de la place et des rues alentour. Les moines vivent encore dans ce superbe bâtiment dont le cloître principal est un jardin rafraîchi d'une fontaine centrale et ceint d'arcades sous lesquelles sont exposés des retables.

## MUSEO MANUELA SAENZ

Junín 709 y Montufar
✆ +593 2 228 3908

Ouvert en 1994, ce musée occupe une vieille maison du centre colonial, merveilleusement restaurée. Les collections englobent la période indépendantiste de l'Equateur. C'est ainsi que le visiteur découvre les grands et les petits témoignages de cette époque : armes, tableaux, objets personnels de Manuelita Sáenz, la maîtresse de Bolívar et première révolutionnaire du pays, nombreuses lettres, sauvées par elle, échangées entre le libertador et le général Sucre. Aussi, une belle collection d'art religieux quiteño, du XVIIe au XIXe siècle. Enfin, incongrue en ce lieu, une belle collection d'ivoires d'Extrême-Orient.

## OBSERVATOIRE ASTRONOMIQUE

Parc de La Alameda
Gran Colombia y 10 de Agosto
✆ +593 2 257 0765 /
+593 2 258 3451
http : //oaq.epn.edu.ec
observatorio.astronomico@epn.edu.ec

L'observatoire de Quito est l'un des plus anciens d'Amérique latine. Il a pour particularité de permettre l'observation simultanée de l'hémisphère austral (sud) et de l'hémisphère boréal (nord).

## PALACIO ARZOBISPAL

Plaza de la Independencia
Chile y Venezuela

Construit à la fin du XVIIIe siècle, il est composé d'un ensemble de patios de style andalou. Encadrés de galeries et reliés entre eux, ils abritent aujourd'hui de petits commerces et de cafés offrant d'agréables pauses lors des visites du centre historique. Cet imposant édifice classique aux colonnades et à la façade blanches s'illumine élégamment le soir venu et contribue à donner toute sa grandeur à la place de l'Indépendance.

## PARQUE ITCHIMBIA

Av. Velasco Ibarra

Situé sur une colline face au volcan Pichincha et à la basilique del Voto Nacional, le parc offre un point de vue magnifique sur la ville et la vallée. Un poumon vert que cet espace récupéré pour y replanter des arbres, aménager des sentiers de promenade et des pistes cyclables où il fait bon s'aérer en famille. A l'entrée du parc, le Centro cultural Itchimbia, une maison de cristal, de verre et d'acier, accueille des expositions et événements culturels. Un bel exemple de projet d'aménagement d'espace vert visant à contrebalancer un rapide développement urbain.

### PARQUE LA ALAMEDA

Entre la ville coloniale et la ville nouvelle

Le jardin d'Allah est célèbre pour son observatoire astrologique, le plus vieux de l'Amérique latine. A l'extrémité du parc, en venant du centre historique, un imposant monument est dédié à Bolívar. Attention : il est recommandé de ne pas se balader seul(e) dans le parc la nuit tombée ou même de traverser le parc, car les voleurs rôdent.

### PLAZA DE LA INDEPENDENCIA (OU PLAZA GRANDE)

Venezuela, entre Chile et Espejo

Plantée de magnolias, d'hibiscus, de jacarandas et de cocotiers, cette place est le lieu de rendez-vous des Quiteños retraités qui monopolisent les bancs et y flânent toute la journée (c'est pourquoi les plus jeunes l'appellent ironiquement la place « des pigeons morts » ou « de las palomas muertes »). Au centre, un monument en marbre de Carrare, symbolisant l'hymne à la liberté, commémore le premier cri de l'indépendance, lancé le 10 août 1809. Au loin, se détache la colline où se déroula, le 24 mai 1822, la bataille décisive de Pichincha, célébrée ici par un monument moderne qui tient plus de l'art mural que de la sculpture. Tous les lundis à 11h, le Président Correa vient saluer la foule depuis le balcon du Palais.

### PLAZA DEL TEATRO SUCRE

Guayaquil y Flores

Cette charmante place bien restaurée abrite en son centre une petite fontaine. La façade du théâtre, construit en 1878, est d'une rare élégance explosant le soir venu lorsqu'elle est illuminée. Le théâtre lui-même a rouvert ses portes en 2004 et constitue l'un des hauts lieux de la culture de la capitale.

## Ville moderne ★★

- **Zona Norte.** Les zones résidentielles, commerciales et d'affaires occupent le nord de l'agglomération. Avec son quartier d'affaires hérissé de hauts buildings à l'architecture futuriste, parois de verre et lignes audacieuses, ses centres commerciaux à l'américaine où le dollar est roi au même titre que les enseignes internationales, ses rues commerçantes animées, la ville moderne a des airs de grande ville européenne.
- **Le quartier de la Mariscal**, traversé par la avenida Amazonas, concentre la majorité des établissements destinés aux touristes : hôtels, agences de voyages, bars et discothèques, et notamment autour de la plaza Foch, récent complexe ultra moderne. Cela lui vaut d'ailleurs le surnom de « Gringolandia » (pays des gringos !) tant le quartier leur est dédié.
- **D'autres quartiers** valent le déplacement, comme celui de Guápulo (qui s'étend entre le quartier résidentiel et plutôt huppé de Bellavista, au nord, et le quartier branché de La Floresta, au sud), ou celui de La Carolina. Quartier arty et bohème par excellence, Guápulo est le Q.G. de nombreux artistes et abrite des cafés bohème.
- **Les quartiers populaires**, bruyants et pollués, grouillant d'activité, se trouvent au sud de la ville. Cette partie pauvre (et oubliée) exhibe principalement une architecture de fortune faite de bicoques. Mais ces dernières années, des entreprises commencent à s'y installer et un habitat plus structuré s'y développe avec l'arrivée d'habitants un peu plus fortunés.

© STÉPHANE SAVIGNARD

*Repos collectif sur la place du théâtre Sucre.*



### IGLESIA Y CONVENTO DE GUÁPULO

Leonidas Plaza y Germánio S.
Plaza principal de Gaupulo
La façade est de style néoclassique ; l'intérieur est resté intact malgré la destruction des retables sculptés par Cristóbal Gualoto et Juan Bautista Menacho, ce dernier étant également l'auteur du pupitre, une pièce exceptionnelle. Durant le mois de mai, le sanctuaire reste ouvert toute la journée pour que les fidèles y honorent Nuestra Señora de Guadalupe.

### JARDÍN BOTÁNICO

Parque La Carolina
Pasaje n°34, Rumipamba E6-264 y Av Shirys
✆ +593 2 333 2516 / +593 2 333 2543
www.jardinbotanicoquito.com
Dans le parc de la Carolina à côté du musée de Ciencias Naturales.
Le jardin botanique est une oasis de verdure qui s'étend sur près de 18 000 m². Il offre des parcours à la découverte des espèces d'arbres, de plantes et de fleurs représentatifs de la diversité florale de la Sierra. En prime, une collection de plus de 850 espèces d'orchidées qui ravira les amateurs.

### MUSEO AMAZÓNICO

Av. 12 de Octubre 1436 y Wilson
✆ +593 2 256 2663
A côté de la librairie Abya-Yala. Exposition permanente sur l'archéologie, l'ethnologie, les arts, la faune et la flore de l'Amazonie. Une riche collection d'objets, d'ornements corporels nous informe sur les coutumes des différentes ethnies, Shuar, Achuar, Huaorani, Cofán… Des scènes de leur vie quotidienne sont reconstituées. Peu fréquenté, ce musée est pourtant d'un intérêt extrême.

### MUSEO GUAYASAMIN – CAPILLA DEL HOMBRE

Mariano Calvache E18-94 y Lorenzo Chávez.
Bellavista – El Batán
✆ +593 244 6455 /
+593 245 2938 / +593 246 5266
www.guayasamin.org

Le peintre et sculpteur Oswaldo Guayasamín a transformé sa magnifique demeure en un musée ayant pour vocation la préservation du patrimoine culturel équatorien. En parcourant les salles d'exposition, on chemine à travers l'histoire du pays, depuis les premières civilisations (salles d'archéologie) jusqu'à l'art contemporain, avec entre les deux l'art colonial.

### MUSEO NACIONAL DEL BANCO CENTRAL

Av. Patria, entre av. 6 de Diceimbre et 12 de Octubre
✆ +593 2 222 3258 /
+593 2 222 3259

Ce musée rassemble d'innombrables pièces datant de la préhistoire à l'époque coloniale, dont une superbe collection de céramiques datant du XIe siècle av. J.-C., et contient aussi une très riche collection d'art religieux constituée de peintures et sculptures. Le petit Musée de l'Or, attenant, expose de somptueux bijoux des premières civilisations. A l'étage supérieur, la visite se termine par une exposition de peintures contemporaines offrant un reflet complémentaire de l'histoire et des civilisations du pays. A voir absolument !

### MUSEO MINDALAE

Reina Victoria N26-166 y La Niña
La Mariscal
✆ +593 2 223 0609 /
+593 2 252 0824

Géré par la fondation privée Sinchi Sacha, ce musée abrite une importante collection d'artisanat équatorien provenant de toutes les régions, de la Sierra à l'Amazonie. L'exposition est très riche, diverse et fort intéressante, puisqu'on y trouve des objets du quotidien et religieux, des ornements corporels (bijoux, couronnes...), des tissages de différentes tribus (Huaroni, Cofan...), et des produits purement décoratifs.

### TELEFERIQO

Arnulfo y Av. Occidental
✆ +593 2 222 2996 /
+593 2 222 2997
Taxi ou Ecovia jusqu'à l'arrêt Plaza La Marin, puis navette gratuite. En taxi, la course depuis le centre-ville coûte entre 4 et 6 US$.

Ce téléphérique de fabrication française est l'une des dernières attractions de Quito. En 10 minutes, il vous transporte de 2 800 m à 4 000 m d'altitude jusqu'à la station de Cruz Loma, sur le flanc du volcan Pichincha. L'ascension est époustouflante et offre, depuis le sommet, un panorama exceptionnel sur Quito (à condition que le ciel soit dégagé). Vous pourrez admirer la chaîne de volcans et longer des sentiers très bien tracés ; évitez en revanche de vous éloigner de ces sentiers car des agressions ont été signalées.

**REPÉREZ LES MEILLEURES VISITES**

★ INTÉRESSANT ★★ REMARQUABLE ★★★ IMMANQUABLE ★★★★ INOUBLIABLE

**PARQUE EL EJIDO**
Entre av. Diez de Agosto, 12 de Octubre y Patria
Cet espace a servi de terrain d'atterrissage au premier avion qui s'est posé à Quito. Le parc doit son nom arabe à l'influence andalouse, et signifie « fin de la ville ». El Ejido marque la frontière entre la vieille ville et la nouvelle et abrite près de 1 500 espèces natives de plantes et d'arbres. Pour les voyageurs qui séjournent dans le quartier de la Mariscal, c'est l'espace vert le plus proche. Le week-end, une partie du parc est envahi par des casetas, sorte de petites tentes qui proposent de l'artisanat local. C'est l'endroit pour admirer le travail des artistes (et des caricaturistes, comme à Montmartre)... et assister à un match de ecuavoley, un jeu traditionnel.

# LES ENVIRONS DE QUITO



## Calderón

À 10 km au nord de la capitale, la petite ville de Calderón ne mérite une visite que pour sa spécialité artisanale qui l'a rendue célèbre dans le pays : des figurines de farine (mazapán) très colorées et finement ciselées qu'on retrouve dans toutes les boutiques d'artisanat de Quito. Oiseaux, étoiles, poissons et père Noël originaux rejoindront ainsi votre sapin. Pour s'y rendre, prendre un bus sur la plaza La Marin dans la vieille ville.

## Mitad del Mundo ★★★

A une vingtaine de kilomètres au nord de Quito, à une altitude de 2 483 m, au-delà des nouvelles banlieues cossues de la capitale et des villages de San Antonio et de Pomasqui, la route mène à la Mitad del Mundo, littéralement « la moitié du monde ». C'est là que se trouve la marque de la ligne équinoxiale séparant notre planète en deux hémisphères, nord et sud.

**MONUMENT DE LA MITAD DEL MUNDO**
Erigé en 1979, ce monument est une réplique de 30 m de haut du monument historique élevé en 1936 pour marquer le bicentenaire de la mission. Il demeure encore sur la place centrale du village de Calacalí, situé sur la route de la côte et très exactement sur la ligne de l'Equateur.

**MUSEO DE SITIO INTIÑAN**
Via Calacali
Autopista Manuel Cordova Galarza
✆ +593 2 239 5122
www.museointinan.com.ec
info@museointinan.com.ec
A 200 m du monument de la Mitad del Mundo.
Une visite incontournable ! Cet amusant musée en plein air plaira à toute la famille. Il explique de façon claire, ludique et pratique les coutumes ancestrales de l'Equateur et son positionnement. Il offre aussi et surtout la possibilité de tenter plusieurs expériences rigolotes sur la ligne équatoriale, à la latitude 0°. Ainsi vous pourrez essayer de faire tenir un œuf en équilibre sur un clou, mais aussi observer, en fonction de l'hémisphère où vous vous trouvez, dans quel sens tourne une feuille dans un bac d'eau une fois le siphon ouvert.

### ■ MUSEO ETNOGRÁFICO

A l'intérieur du monument de la Mitad del Mundo

Sur trois étages, ce musée offre un parcours de découverte des différentes ethnies indigènes de l'Equateur avec photos, costumes et divers objets à l'appui. Il a le mérite de mettre en valeur toute la diversité de populations du pays, mais l'exposition est malgré tout quelque peu défraîchie.

### ■ VILLAGE COLONIAL

Un petit village à l'architecture coloniale aux murs blancs et toits de tuiles a été reconstitué. L'ensemble, quoique totalement artificiel et commercial, ne manque pas de charme avec sa petite place encadrée de maisons à galeries et une plaza de toros où se déroulent de vraies corridas, ainsi qu'une salle de combats de coqs...

## Volcán Pululahua ★★

Le volcan éteint Pululahua se situe à 16 km au nord de Quito sur la ligne de l'équateur, près de la Mitad del Mundo, dans la province de Pichincha. Son cratère de 12 km de diamètre, est habité par une communauté d'agriculteurs. Sur la route de Calacalí, à gauche à la sortie de la Mitad del Mundo, puis suivre les indications. Des bus se rendent régulièrement de la Mitad del Mundo au cratère Pululahua. Ce volcan est aujourd'hui une vaste plaine fertile d'où émergent deux cheminées. C'est le seul cratère au monde à être peuplé. Du fait de ses ressources écologiques et de sa beauté naturelle, il a été déclaré parc national et réserve géobotanique (entrée : 2 US$, à régler au village de Moraspungo). La route se termine à un belvédère dominant un paysage grandiose : le damier des parcelles cultivées déployant tous les tons de vert. Le plus souvent à partir de 15h, le brouillard envahit lentement la plaine. S'y rendre donc impérativement le matin.

## Mindo ★★★

À 80 km au nord-ouest de Quito, en plein cœur de la forêt de nuages subtropicale andine qui recouvre les flancs des Andes entre 900 m et 2 500 m d'altitude, la réserve écologique de Mindo-Nambillo est une zone d'une biodiversité extraordinaire qui abrite une profusion d'oiseaux, d'insectes, de papillons, de fleurs... et même des ours ! Avec plus de 500 espèces répertoriées (colibris, coqs de roche, toucans, quetzals, perroquets...), c'est un paradis pour l'observation des oiseaux. Ce qui en fait d'ailleurs l'une des réserves ornithologiques les plus riches au monde. Sentiers de randonnée et circuit à travers les cascades plongent le visiteur dans une végétation luxuriante composée de palmiers et bambous géants, d'arbres fruitiers et de fleurs exotiques. Mindo abrite enfin d'innombrables espèces d'orchidées que l'on peut admirer dans la nature ou dans des fermes aménagées dans le cadre de projets de protection de la biodiversité. Pour profiter pleinement de ce havre de paix, l'expérience la plus mémorable sera de dormir dans l'un des lodges parfaitement intégrés à l'environnement. De nombreux Quiteños en quête de nature viennent très régulièrement s'y ressourcer. Pour les voyageurs, Mindo sera une synthèse parfaite entre la Sierra et la Costa, avant un saut en Amazonie. En outre, le bourg de Mindo, constitué d'une rue principale, présente un visage détendu du pays.

# Les environs de Quito

© FOTOS593 - SHUTTERSTOCK.COM

*Reserva del Bosque Protector del Pasochoa.*

■ **HOSTERIA MINDO LAGO**
✆ +593 2 217 0201
Ce complexe écotouristique en pleine nature vous permettra de découvrir les innombrables espèces de papillons (1 200), d'oiseaux (416, dont 24 espèces de colibris), d'orchidées (3 600) et d'insectes présents dans la région. Au sein de l'élevage de papillons, vous découvrirez les quatre phases de développement du papillon : œuf, chenille, chrysalide et papillon.

■ **MARIPOSAS DE MINDO**
Vía las Cascadas, Sector Yaguira s/n
✆ +593 2 224 2712 /
+593 9 751 1988
www.mariposasdemindo.com
info@mariposasdemindo.com
Un élevage de 1 200 papillons multicolores qu'il est possible d'observer dans leur environnement naturel, au beau milieu de fleurs tropicales cultivées en serre. Hébergement agréable et restaurant de bonne facture. Propose des formules tout compris à la journée : visite du Butterfly Garden (Mariposario), canopy, déjeuner, excursion dans les chutes d'eau (et transport).

## Reserva del Bosque Protector del Pasochoa

La réserve biologique de Pasochoa se trouve à une trentaine de kilomètres au sud de Quito. Elle renferme une faune et une flore extrêmement variées. Aussi c'est une zone protégée. On y recense 232 espèces de plantes, dont 23 espèces d'orchidées et une grande variété de plantes médicinales. Parmi les mammifères, vous pourrez croiser marsupiaux, lapins, belettes et peut-être même des pumas. Enfin, on compte 126 espèces d'oiseaux (dont 14 espèces différentes de colibris).

## Reserva La Esperanza ★★

Région du fleuve Toachi-Pilaton. A 1h30 de Quito. Un projet écotouristique est né ici dans le but de préserver ce milieu naturel fragile très riche. Située sur les flancs de la cordillère occidentale des Andes dans une zone de forêt humide (entre 1 300 et 1 900 m d'altitude), la réserve fait plus d'une centaine d'hectares. C'est une région phare pour la conservation des reptiles, amphibiens, mammifères (singes capucins, agoutis, cervidés, ours à lunette, etc.), de l'avifaune (perroquets, pinsons, tyrans, coqs de roche, etc.) et de la flore (broméliacées, orchidées, plantes endémiques, etc.). Le site est classé ZICO (Zone Importante pour la Conservation des Oiseaux) par Birdlife International.

## Santo Domingo de los Colorados ★

En direction de la Costa. À 113 km à l'ouest de Quito et à 123 km de Pedernales, sur la Costa. C'est la quatrième plus grande ville du pays en terme de densité. Capitale de la province depuis 2007 (avant, elle faisait partie de la province de Pichincha), Santo Domingo est aussi connue pour être la patrie des Tsáchilas (connus sous le nom de Colorados). Cette communauté est aujourd'hui menacée puisqu'il ne reste que 200 familles. Aussi vous visiterez la ville pour cette raison, ou tout simplement lors d'une étape sur la route menant à la Sierra ou à la côte, car ni son architecture banale ni son activité commerciale ne suscitent un véritable intérêt. Sauf peut-être pendant les fêtes de Santo Domingo, qui se déroulent début juillet, animées par des combats de coqs et des corridas.

### ■ MUSEO ETNOGRÁFICO TSÁCHILA

Village de Chigüilpe
Via Santo Domingo-Quevedo
A environ 7 km de Santo Domingo.
La route qui conduit à Chigüilpe est en bon état jusqu'à la maison du gouverneur Nicanor Calazacon, fils de l'illustre guérisseur et chef de tribu Calazacon ; ensuite, il faut prendre la piste qui devient mauvaise. 1 km après le pont, on parvient au hameau. Là un hangar en bois, au centre de la place du village, abrite le petit musée Tsáchila, où sont rassemblés des objets du quotidien, outils, instruments de musique, ainsi qu'une collection de photos témoignant des traditions de la communauté des Colorados. Vous pourrez en apprendre davantage sur leurs us et coutumes.

## Papallacta ★★

À 67 km à l'est de Quito. Altitude 3 159 m. Le village de Papallacta est niché dans une imposante lagune, dont l'eau est traitée et transformée en eau potable pour la capitale. Il est situé dans les Andes, non loin de la frontière avec la province de Napo. En venant de Quito, ce village traverse le paramó mélancolique et désolé de Paluguillo, balayé par la bruine et des vents froids, puis de sublimes paysages vallonnés. Sur la « route de la cannelle », celle-là même que suivit Francisco de Orellana en 1542 quand il traversa les Andes à la recherche d'épices et d'or, avant de découvrir le fleuve Amazone. La lagune de Papallacta, formée par la réserve naturelle du fleuve Maspa, s'étend au cœur d'un paysage bucolique ; de nombreux pêcheurs s'y donnent rendez-vous pour y taquiner la truite, qui est d'ailleurs la spécialité culinaire de la région. Fondé le 14 août 1929, le village est devenu célèbre pour ses sources et piscines naturelles aux vertus curatives (jusqu'à 64 °C pour certaines !). Les personnes souffrant de rhumatismes, d'arthrite, de problèmes digestifs et respiratoires s'y donnent rendez-vous. Et le week-end, de nombreux Quiténiens viennent s'y reposer. Les installations touristiques se sont progressivement développées autour des thermes. C'est une étape revigorante agréable après une incursion en Amazonie.

# LA SIERRA

*Telle une colonne vertébrale rocheuse, les montagnes de la cordillère des Andes sillonnent en une ligne escarpée le couloir central de l'Equateur, du nord au sud. La Sierra (qui signifie montagne en espagnol), désigne le monde andin qui s'étend de la Colombie jusqu'au nord du Chili, en passant par le Pérou et la Bolivie. En termes géographiques, la Sierra équatorienne, composée de deux cordillères aux axes parallèles (cordillères occidentale et orientale), occupe le quart du territoire.*

*A une altitude moyenne de 3 000 m au-dessus du niveau de la mer, la région inter-cordillères est traversée par la route panaméricaine, surnommée ici l'avenue des Volcans, en raison du nombre de sommets s'élevant de part et d'autre de la chaussée et culminant majestueusement entre 4 000 m et 6 000 m d'altitude.*

*C'est sur ces hauts plateaux environnants que vit plus de 45 % de la population équatorienne (ville de Quito comprise), essentiellement de l'agriculture et de l'élevage.*

*En dehors des noyaux urbains hébergeant une population surtout métisse, dans la Sierra, l'ethnie quechua est majoritaire, représentée en sous-groupes comme les Otavalo, les Cayambe, les Chibuleo, les Saraguro, etc. Les Serrano (habitants des hauts plateaux) ont la réputation d'être farouches et peu éloquents (la langue espagnole leur est parfois étrangère) comparés aux expansifs Costeño (les habitants de la côte surnommés «mono» par la population andine).*

*Ces régions reculées, où le tourisme reste encore peu développé, offrent aux visiteurs l'opportunité de côtoyer la population et de séjourner dans les villages au sein de diverses communautés. L'intérêt touristique de cette vaste zone montagneuse réside dans la beauté des paysages offrant de multiples options d'activités – randonnées pédestres, équestres, à vélo, escalade... – dans des sites naturels où les paysages sont à couper le souffle, et permet de découvrir la vie rurale andine, notamment sur les chatoyants marchés...*

## SIERRA NORD

Les chroniques les plus anciennes rapportent qu'au VI^e^ ou VII^e^ siècle, la province d'Imbabura et celle de Carchí subirent l'invasion d'un peuple venu de la Costa, les Caras (ou Caraques). Il instaura la dynastie des Shyris sur un territoire s'étendant de la frontière avec l'actuelle Colombie, jusqu'à Riobamba. Au XV^e^ siècle, les Incas, après de sanglantes luttes, soumettent les peuples de la région et les déportent dans les régions du lac Titicaca, au Pérou, pour étouffer toute résistance. L'Inca Huayna Cápac, après avoir tué le roi Shyri Cacha Duchicela, épouse sa fille Pacha. De cette union naîtra le célèbre Atahualpa.

Partir de Quito pour se rendre à Tulcán, aux portes de la Colombie, relève d'un parcours dans le temps qui plonge le voyageur au cœur des Andes équato-

riales. Depuis la capitale, deux routes serpentant de part et d'autre d'un canyon surmonté de collines arides et poudreuses sur lesquelles frappe le soleil mènent à Otavalo.
Au carrefour del Quinche, on peut admirer le sommet enneigé du Cayambe, troisième volcan le plus haut du pays, qui s'élèvre à 5 790 m. De là, le paysage constitué de falaises arides et abruptes se transforme en une vallée verdoyante enserrée entre des sommets dominés par les volcans Imbabura (4 609 m) et Cotacahi (4 944 m), dont le cratère le plus connu est celui de Cuicocha. On est ici en plein territoire otavaleño où vivent des communautés quichuas mondialement connues pour la qualité de leur artisanat. Les Otavaleños sont réputés comme étant les meilleurs commerçants équatoriens. On ne manquera pas le marché d'Otavalo (tous les jours, mais plus important le mercredi et le samedi) pour rapporter toutes sortes de souvenirs fabriqués, notamment, en laine d'alpaga. Les habitats d'adobe parsèment la campagne ; possédant une seule pièce, ils sont entourés d'un petit potager dans un coin duquel sèche le maïs. Des paysans indigènes travaillent pour les quelques familles de latifundiaires qui possèdent encore la quasi-totalité des terres, malgré les réformes agraires successives.

## Cayambe ★★

À 65 km au nord de Quito. Au cœur d'une vaste vallée riante et fertile où l'industrie laitière est très développée, la petite ville de Cayambe (2 850 m d'altitude environ) est dominée par le sommet enneigé du volcan (endormi) Cayambe, 3e plus haut sommet d'Equateur (après le Chimborazo et le Cotopaxi). Le volcan du parc national de Cayambe-Coca (403 103 ha) fut gravi pour la première fois en 1880 par Edward Whymper et les frères Carrel. Il est réputé pour avoir les plus grands et parmi les plus beaux glaciers du pays.
De nombreux élevages de truites jalonnent la route. Si vous faites une halte, ne manquez pas de déguster un queso en hoja avec des biscochos : un fromage conservé dans une feuille, qui se mange avec des biscuits secs. Le dimanche est jour de marché sur la place centrale. Les spectaculaires fêtes de Cayambe, dont les origines proviennent de l'Inti Raymi (la fête du Soleil), se déroulent entre mi-juin et début juillet. Dans le village, on pourra visiter la zone archéologique de Puntiachil et, quelques kilomètres plus tôt, avant d'arriver à Tabacundo, le site de ruines pré-incaïques de Cochasquí.

## Otavalo ★★★★

À 100 km au nord de Quito. Dominée par le « Taita Imbabura » (le père Imbabura), un volcan aujourd'hui éteint, cette bourgade de 90 188 habitants, dont l'altitude élevée (2 530 m) est symbole de tranquillité, s'est fait une réputation dans tout le pays et même bien au-delà des frontières équatoriennes, grâce à son marché d'artisanat coloré. Entourée de monts, de lacs et de champs de cultures, Otavalo vit au rythme de la musique, de la danse et des traditions. Bienvenue au cœur d'une culture millénaire qui grandit comme un arbre ancien et robuste dont les racines se nourrissent de la Pacha Mama, la terre nourricière. Son marché, le plus fréquenté du pays, est l'un des plus importants du continent sud-américain en termes de production artisanale.

Ce marché – dont les deux jours les plus importants sont le mercredi et le samedi – attire tous les touristes de passage dans le pays, ainsi que tous les revendeurs de souvenirs qui viennent s'approvisionner. Avec son mélange de tradition et d'exigence commerciale, l'ambiance du marché est unique... et très touristique ! Ici tout le monde est commerçant, et uniquement dans l'artisanat qui s'y décline sous toutes ses formes : lainages (pulls, bonnets, tapis, plaids aux couleurs de l'arc-en-ciel), vêtements en coton équatorien, chapeaux en feutrine ou en paille *toquillas* (Panamá), bijoux fantaisie (souvent importés du Pérou), instruments de musique, peintures... Le choix est vaste, même si parmi les centaines de stands, on a du mal à trouver un peu d'originalité tant la marchandise se ressemble ! Sachez que les commerçants Otavaleños sillonnent la planète pour vendre leur production.

### ■ IGLESIA SAN LUIS DE LAS ANGUSTIAS

Construite après le tremblement de terre de l'Imbabura en 1868 et terminée en 1890, elle a été déclarée sanctuaire national par Jean XXIII en 1963. On admirera les portes de style gothique des chapelles latérales, œuvres de l'ébéniste otavaleño Nicolas Gómez. A l'intérieur, une belle statue du Christ datant de 1734 ; au-dessus de l'autel, une image de la Vierge de 1869.

## Lago San Pablo ★★★

Environ 3 km avant Otavalo. A une altitude de 2 600 m, ce lac déploie ses eaux calmes au pied des volcans. Le panorama, somptueux, compose une mosaïque de toutes les nuances de vert qui, grignotant les flancs de la montagne, contrastent avec les eaux bleues que l'on voit miroiter plus bas. Les sportifs pourront pratiquer la voile ou le kayak. Le village de San Pablo est un bourg authentique peuplé par les Otavalos. Attention ! Une extrême prudence en voiture s'impose le samedi en fin de journée, quand les locaux rentrent du marché d'Otavalo, après des transactions copieusement arrosées...

## Peguche ★★

Tous les membres de ce village typique, situé à 10 minutes d'Otavalo, appartiennent à la même famille. La communauté de Peguche est prospère et très accueillante. Une jolie placette, de nouvelles possibilités d'hébergement, des restaurants... Le village est une étape incontournable dans tous les circuits, c'est pourquoi les prix y ont fortement augmenté. L'endroit est surtout visité pour sa cascade. Celle-ci mesure 18 m de haut et 3 m de large, et est entourée d'une forêt d'eucalyptus où il est possible de faire de belles balades. C'est un site sacré aux yeux de la population.

## Lagunas de Mojanda ★★★

À 16 km au sud d'Otavalo et 75 km de Quito. A 3 715 m d'altitude, la laguna de Mojanda est en réalité formée de trois lagunes nichées dans les cratères de volcans ; elles sont très prisées des campeurs et des pêcheurs qui viennent y taquiner la truite. En partant d'Otavalo, une randonnée à cheval permet de traverser de merveilleux paysages. Pour les randonneurs, une balade d'environ 4 heures permet de faire le tour des lagunes. Attention toutefois aux mauvaises rencontres, on signale des agressions. Se renseigner sur place.

## Cotacachi ★★

Située à 22 km au sud d'Ibarra, cette coquette petite bourgade s'est taillé une solide réputation dans le domaine du tannage et le travail du cuir. La rue principale est bordée de boutiques proposant des articles de maroquinerie et des vêtements. La capitale du cuir est principalement visitée par les touristes en quête de bonnes affaires, et les prix se négocient fermement. Le marché local se tient le samedi.

Autre facette, moins connue des touristes : Cotacachi est la capitale musicale du pays. On ne compte plus les groupes issus de son école de musique. Chaque année en septembre, Cotacachi célèbre la fête de la Jora qui évoque les cérémonies des adorateurs du Soleil au moment de l'équinoxe. Enfin, cet endroit attire aussi les voyageurs sans contraintes budgétaires, qui viennent se délecter de la délicieuse cuisine du restaurant de l'Hostería La Mirage.

**A savoir :** Cotacachi est aussi le nom d'un volcan (probablement) éteint, situé au nord de Quito et culminant à 4 944 m. Sa dernière éruption date de deux ou trois mille ans. Son plus beau cratère est le Cuicocha, aujourd'hui devenu un lac très visité par les touristes.

## Peguche ★★

Tous les membres de ce village typique, situé à 10 minutes d'Otavalo, appartiennent à la même famille. La communauté de Peguche est prospère et très accueillante. Une jolie placette, de nouvelles possibilités d'hébergement, des restaurants... Le village est une étape incontournable dans tous les circuits, c'est pourquoi les prix y ont fortement augmenté. L'endroit est surtout visité pour sa cascade. Celle-ci mesure 18 m de haut et 3 m de large, et est entourée d'une forêt d'eucalyptus où il est possible de faire de belles balades. C'est un site sacré aux yeux de la population.

## Laguna Cuicocha ★★★

Située à une quinzaine de kilomètres à l'ouest de la ville de Cotacachi. La lagune, qui fait partie du parc national Cotacachi-Cayapas s'étend sur quelque 9 km² dans l'un des cratères du volcan Cotacachi à 3 070 m d'altitude. On peut faire un tour en barque à moteur (promenade de 25 min) et accoster sur l'un de ses trois îlots, ou faire le tour du lac (12 km) en 4 ou 5 heures de marche selon votre forme physique. Le chemin de crête est balisé ; un mirador à mi-parcours permet de faire une halte bienvenue à cette altitude.

## San Antonio de Ibarra ★

6 km avant Ibarra, la route traverse le village de San Antonio de Ibarra, devenu célèbre pour ses ateliers de sculpture sur bois et, dans une moindre mesure, de la pierre. Ateliers et boutiques se succèdent au bord des rues du village. On trouve des statuettes religieuses et aussi des ustensiles domestiques (saladiers, plateaux, bols...). L'institut des arts plastiques Daniel Reyes forme ici de nombreux peintres et sculpteurs. San Antonio de Ibarra est l'un des hauts lieux de l'artisanat équatorien et une étape intéressante pour ramener quelques beaux souvenirs du pays. De nombreux bus font la navette entre San Antonio et Ibarra.

## Ibarra ★★

À 115 km de Quito et 23 km au nord d'Otavalo. Située à 2 225 m d'altitude, la capitale de la province d'Imbabura est surnommée la « ville blanche » à cause de ses maisons ; elle abrite de jolies rues pavées et l'église de Santo Domingo abrite un musée de peintures. La ville fut fondée en 1606 par les Espagnols sous le nom de San Miguel de Ibarra. De nombreuses églises magnifiques et des bâtiments publics furent érigés, mais un tremblement de terre en a détruit une grande partie en 1868.
Pour l'esthète, elle a préservé ses racines coloniales et bénéficie d'une harmonie architecturale très intéressante. Ses petites rues étroites sont bordées de maisons basses aux murs blancs et aux toits de tuile. Pour le gourmet, la ville est à l'origine de nombreuses spécialités gastronomiques, et en particulier de desserts réputés : *las nogadas*, des friandises à base de noix ; les *helados de paila*, des sorbets préparés avec des jus de fruits purs, battus à la main dans une grande cuvette de bronze ; *el arrope de mora*, une sorte de confiture sirupeuse de mûres et les *empanadas de morocho*. Ibarra mérite une visite attentive, tant pour son charme suranné et son style colonial que pour l'atmosphère chaleureuse qui y règne.

### ■ CATEDRAL DE IBARRA

Parc Pedro Moncayo
Cette cathédrale de pierres, de style roman, affiche une belle façade blanche. Elle a été reconstruite après le tremblement de terre de 1868. A l'intérieur, on peut admirer de nombreuses œuvres d'artistes ayant été formés à la Escuela Quiteña. Le soir, sous les arcades, on pourra jouer quelques cents au Loto, appelé ici quina. Le parc Pedro Montcayo est le lieu de rendez-vous des habitants qui s'y retrouvent pour discuter, lire le journal ou faire une petite sieste.

### ■ CATEDRAL DE LA MERCED

Parc de la Merced, 9 de Octubre
Située autour du parc du même nom, cette cathédrale de style roman date du XIX^e^ siècle. Elle abrite des reliques de saints et de la vierge plutôt bien préservées.

## El Chota ★★

À environ 40 km au nord de Ibarra, la route descend vers la vallée du Chota, offrant un défilé de montagnes arides et poussiéreuses, desséchées par le soleil. A 1 550 m, on atteint El Chota : chaleur sèche, végétation rare de cactus, plantations de canne à sucre, maisons traditionnelles en pisé, habitants à la peau noire. Ici, les femmes ne sont pas courbées sous le poids des ballots, mais portent dignement leurs charges sur la tête, la musique rythmant leur démarche chaloupée ; tout donne l'impression d'être en Afrique. Atmosphère bon enfant, décontractée et langueur règnent ici. L'héritage des ancêtres s'exprime dans la musique traditionnelle aux racines africaines, la bomba, tambours et maracas sont de la fête ! Des légendes racontent l'arrivée et l'évolution de la communauté noire dans cette étroite vallée. Un riche Colombien en route vers les terres plus fertiles du Sud y aurait terminé son voyage, assassiné par ses esclaves qui, ayant reconnu à Chota une terre semblable à celle décrite par leurs ancêtres africains, décidèrent de s'y établir. La région est réputée pour son climat sec, on y vient de loin pour soigner arthrose et rhumatismes. La route continue jusqu'à Ambuquí où l'on trouve hosterias et restaurants ayant la faveur des locaux le week-end.

## El Ángel ★

L'agriculture et l'élevage sont les activités essentielles de ce village renommé pour son église, l'une des plus anciennes de la région. El Angel est le point de départ des visites du paramó de los Frailejones, de la lagune El Voladero et des thermes de la Calera dont les eaux ont des vertus curatives. L'ensemble de ces sites fait partie de la réserve écologique El Angel qui s'étend sur 16 000 ha. Il ne faut pas non plus oublier le volcan Chiles qui culmine à 4 768 m et domine un paysage mi-équatorien, mi-colombien.

# SIERRA CENTRALE

Dès la sortie de l'agglomération de Quito par la Panaméricaine Sud, on aperçoit les hauts sommets des volcans se dressant majestueusement et se succédant le long de la route, d'ailleurs surnommée l'Allée des Volcans. Du haut de leurs cimes enneigées, le Pasochoa (4 200 m), l'Atacazo (4 100 m), le Corazón (4 788 m), les Ilinizas (5 203 m), l'Antizana (5 704 m) et le Sincholahua (4 893 m) ponctuent votre itinéraire. Dans cette partie de la Sierra, on s'arrêtera entre autres au parc national du Cotopaxi qui renferme le volcan actif le plus élevé du monde (5 897 m), mais aussi à la belle lagune émeraude de Quilotoa, à la station thermale de Baños et à Ambato.

## Saquisilí ★★

Ce village est célèbre pour son marché du jeudi, considéré comme le plus coloré et le plus animé après celui d'Otavalo. Tous les habitants des villages alentour s'y retrouvent pour faire le plein de denrées en tout genre ou vendre leur production. Cet authentique marché est divisé en huit sections avec chacune sa spécialité : animaux (lamas, cochons, vaches, moutons...), produits agricoles, ustensiles, vêtements... Le marché du bétail, un peu à l'extérieur de la ville, ainsi que celui des fruits et légumes, méritent vraiment le détour. Ce jour-là, le village est une ruche. Les femmes assises derrière leurs étals surchargés surveillent le chaland, les familles déambulent à la recherche de la bonne affaire, et le village ne retrouve son calme qu'à la mi-journée, une fois les affaires conclues. On y trouve encore peu d'artisanat, les touristes viennent cependant de plus en plus nombreux à Saquisili. Les jours de marché, les habitants en costumes traditionnels se restaurent sur place dans l'un des nombreux petits restaurants populaires. Il est alors facile de nouer des contacts.

### MARCHÉ

Voici un marché très authentique et donc beaucoup moins touristique que celui d'Otavalo. Réparti en 8 sections distinctes, il se tient sur les places de la ville. A chaque place sa spécialité ; on y vend et on y achète des fruits et légumes, du bétail, des vêtements, des ustensiles... C'est l'un des marchés traditionnels les plus colorés et les plus intéressants du nord de l'Equateur. A ne pas manquer si vous passez dans le coin !

## Parque Nacional Cotopaxi ★★★★

Les grandes villes les plus proches du parc national du Cotopaxi (créé en 1979) sont Quito (70 km au sud-est), Latacunga (35 km au nord-est) et Riobamba.

Deuxième sommet le plus haut d'Equateur (5 897 m) après le Chimborazo (6 310 m), le Cotopaxi est surtout le plus haut volcan actif du monde et le sommet le plus sillonné du pays. Avant l'arrivée des Espagnols, les indigènes le considéraient comme lieu sacré ; son nom signifie « cou de la lune » en quichua. Il domine le parc national du Cotopaxi (entrée : 10 US$, camping : de 5 à 10 US$), lequel est une réserve écologique protégée nichée à une altitude variant de 3 400 à 5 897 m et abritant une biodiversité très variée, ainsi que plusieurs espèces endémiques. Lacs et rivières parsèment le parc attirant une avifaune variée (condors, colibris). Les forêts abritent de nombreuses espèces animales telles que le puma, le lama, la gazelle ou l'ours.

## Latacunga ★★

La capitale de la province de Cotopaxi est une jolie ville de montagne d'environ 55 000 habitants, qui a su préserver un peu du charme de ses origines espagnoles. Bien que détruite à plusieurs reprises par les éruptions du Cotopaxi, la ville, initialement construite en 1534 par Antonio Clavijo, avec ses rues étroites, bordées de maisons massives et basses, aux murs blancs et aux traditionnels toits de tuile, conserve un certain cachet qu'ont souvent perdu les villes équatoriennes, ne serait-ce qu'autour de l'église. A moins d'y séjourner durant les fêtes de la Mama Negra (fin septembre et mi-novembre), il n'y a pas grand chose à faire et l'on fait vite le tour de la ville. Mais Latacunga vous réservera un accueil aussi chaleureux que les vents peuvent être froids ! Elle constitue en outre une excellente base pour organiser des excursions vers la fameuse lagune de Quilotoa ou le parc national du Cotopaxi. On n'oubliera pas de déguster la spécialité locale, la *chugchuccara*, plat de porc dont la couenne est grillée, servi avec du maïs et des empanadas.

### ■ CALLE PADRE SALCEDO

Piétonne et pavée, elle mérite une promenade pour la jolie architecture traditionnelle des édifices qui la bordent.

### ■ CASA DE LOS MARQUESES DE MIRAFLORES

Sánchez de Orellana y Juan Abel Echeverría
✆ +593 3 280 1410

Cette superbe maison coloniale entièrement restaurée et chargée d'histoire, renferme meubles, œuvres et objets d'art colonial. Cette collection a appartenu aux marquis espagnols de Miraflores.

### ■ IGLESIA DE LA VIRGEN DEL SALTO

Au début du XVII^e siècle, un artiste peignit une Vierge sur une pierre. Puis les fidèles construisirent une petite chapelle à proximité du fleuve Yanayacu pour y abriter l'icône. Le 20 juin 1698, un tremblement de terre détruisit la ville et la pierre sainte fut engloutie. Plus tard, on la retrouva au milieu du fleuve où elle servait de point d'appui pour traverser les flots. L'église perpétue le souvenir de cette peinture miraculeusement sauvée.

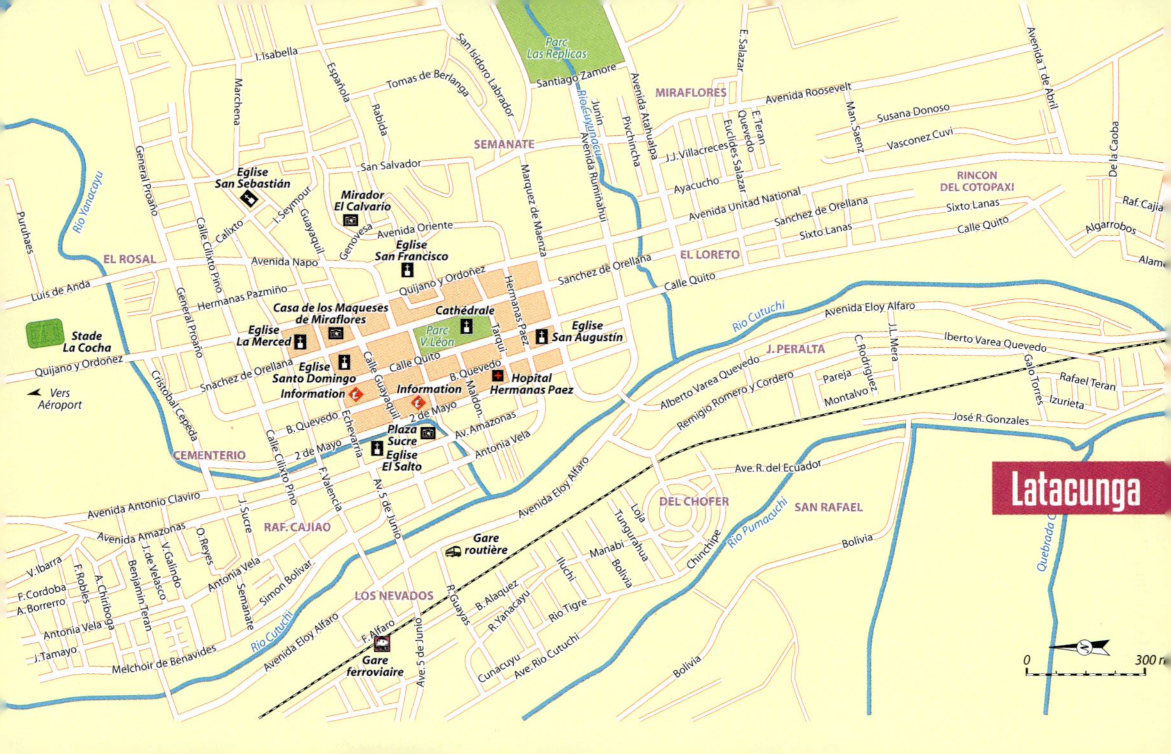
Latacunga
0
300 m
Parc Las Replicas
Parc V. Léon
Cathédrale
Eglise San Augustin
Hopital Hermanas Paez
Information
Information
Plaza Sucre
Eglise El Salto
Eglise Santo Domingo
Eglise La Merced
Casa de los Maqueses de Miraflores
Eglise San Francisco
Mirador El Calvario
Eglise San Sebastián
Stade La Cocha
Vers Aéroport
Gare routière
Gare ferroviaire
MIRAFLORES
SEMANATE
RINCON DEL COTOPAXI
EL LORETO
EL ROSAL
CEMENTERIO
RAF. CAJIAO
LOS NEVADOS
J. PERALTA
DEL CHOFER
SAN RAFAEL
Rio Cutuchi
Rio Cuyunacu
Rio Yanacayu
Rio Pumacuchi
Quebrada C
Avenida 1 de Abril
Avenida Roosevelt
Susana Donoso
Vasconez Cuvi
Man. Saenz
E. Salazar
E. Teran
Quevedo
Euclides Salazar
J.J. Villacreces
Ayacucho
Avenida Unitad National
Sanchez de Orellana
Sixto Lanas
Calle Quito
De la Caoba
Raf. Cajia
Algarrobos
Alam
Avenida Atahualpa
Pivchincha
Junin
Avenida Rumiñahui
Santiago Zamore
Marquez de Maenza
San Isidoro Labrador
Tomas de Berlanga
I. Isabella
Española
Rabida
San Salvador
Marchena
General Proaño
Puruhaes
Calle Cilixto Pino
Calixto
I. Seymour
Guayaquil
Genovesa
Avenida Oriente
Avenida Napo
Luis de Anda
Hermanas Pazmiño
Quijano y Ordoñez
Snachez de Orellana
Hermanas Paez
Tarqui
Calle Quito
B. Quevedo
Maldon.
Calle Guayaquil
2 de Mayo
Echevarria
Av. Amazonas
Antonia Vela
Cristobal Cepeda
F. Valencia
Av. 5 de Junio
Avenida Antonio Claviro
Avenida Amazonas
J. Sucre
O. Reyes
V. Galindo
J. de Velasco
Benjamin Teran
A. Chiriboga
F. Robles
V. Ibarra
F. Cordoba
A. Borrerro
Antonia Vela
J. Tamayo
Melchoir de Benavides
Semanate
Simon Bolivar
Avenida Eloy Alfaro
F. Alfaro
Ave. 5 de Junio
R. Guayas
B. Alaquez
R. Yanacayu
Cunacuyu
Ave. Rio Cutuchi
Rio Tigre
Iluchi
Manabi
Bolivia
Tungurahua
Loja
Chinchipe
Ave. R. del Ecuador
Avenida Eloy Alfaro
Iberto Varea Quevedo
J.L. Mera
C. Rodriguez
Pareja
Montalvo
Alberto Varea Quevedo
Remigio Romero y Cordero
Galo Torres
Rafael Teran
Izurieta
José R. Gonzales

■ **IGLESIA DE SANTO DOMINGO**

Sur la plaza Santo Domingo

Petite, modeste, au plafond peint et au plancher de bois, elle se dresse sur une placette pleine de charme. C'est un symbole historique, puisqu'en ce point les partisans proclamèrent l'Indépendance de la ville.

## Zumbahua ★★

Cette escapade offre aux voyageurs de voir sûrement l'un des coins les plus typiques des Andes, sans artifice ni folklore touristique. On accède dorénavant à ce village perché à 3 200 m par une route récemment construite.

L'authentique marché de victuailles a lieu le samedi matin. C'est ici que le président, Rafael Correa, a été investi le 14 janvier 2007, lors d'une cérémonie symbolique qui a rassemblé plus de 20 000 personnes. Il a reçu ce jour-là le bâton du chef devant lui permettre de surmonter les obstacles qu'il rencontrera au cours de son mandat. Rafael Correa a tenu à organiser cette cérémonie dans ce village car il y a travaillé en tant que bénévole auprès de ces populations quand il était étudiant. Outre son marché, le village ne présente pas grand intérêt et constitue surtout une étape sur la route menant à la lagune de Quilotoa.

## Laguna del Quilotoa ★★★

À 14 km au nord de Zumbahua. De là, la route en lacets qui conduit à la lagune est magnifique, bordée de vallées verdoyantes et de cultures et laisse entrevoir les deux cordillères et même, parfois, le Cotopaxi. Sur des plateaux à plus de 3 500 m d'altitude, à travers un patchwork de cultures, on aperçoit çà et là une cahute de terre et de chaume autour de laquelle paissent moutons, lamas et porcs. Les couleurs vives des vêtements indigènes contrastent avec le gris vert du paysage. Les Andes indiennes telles qu'on les imagine... Le climat est souvent frais voire froid dans le village Quilotoa (4 000 m), surtout de février à fin avril, alors pensez aux vêtements chauds.

▶ **Bon à savoir :** en arrivant à Quilotoa, vous devrez vous acquitter d'un droit d'entrée de 2 US$.

## Baños ★★★★

De son vrai nom : Baños de Santa Agua. Environ 20 000 habitants. Nichée à 1 820 m d'altitude sur les contreforts des Andes et adossée au versant du terrible volcan Tungurahua (5 023 m), Baños est l'ultime étape de la cordillère avant l'Amazonie (Oriente). Le climat y est doux et humide et, comme il pleut abondamment, la végétation tropicale est exubérante. Il règne dans ce petit paradis naturel une douce atmosphère qui charme généralement les voyageurs de passage, et bon nombre d'étrangers y ont élu domicile.

Cette station thermale bénéficie par ailleurs de sources d'eau chaude aux propriétés curatives, qui furent à l'origine de la fondation de ce bourg en 1944. Fort de son succès, Baños vit paisiblement au rythme du tourisme équatorien et étranger... selon les humeurs du majestueux et capricieux volcan Tungurahua qui domine toute la vallée. Ce géant autrefois endormi s'est soudainement réveillé en 1999, crachant ses gerbes de feux au-dessus de Baños. Son cratère est situé à moins de 10 km de la ville !

Baños
vers Patate
vers Vizcaya
Puente San Vicente
vers Rio Blanco & Puyo
Bains Sta. Ana
vers le Zoo et Patate
Puente San Martin
Avenida Amazonas
Avenida Amazonas
Gare routière
Office du Tourisme
E. Espejo
Oriente
Ambato
S. Baño
J. L. Mera
G. Diaz de Pineda
V. Rocafuerte
Pastaza
O.E. Reyes
P.V. Maldonado
T. Halflants
E. Affaro
16 de Diciembre
12 de Noviembre
L.A. Martinez
J. Montalvo
P. Vieira
Musée de la Virgen
Basilique de la Virgen de Agua Santa
Bains Modernas
Bains Municipales
Mirador de la Viegen
Hôpital
vers Volvan Tungurahua 5016 m.
Hôtel Spa Monte Selva
Galleria Huillacuna
0
200 m

Depuis, le Tungurahua est en activité permanente et ses éruptions sont fréquentes. Parée à d'éventuelles éruptions, la ville procède à des mises en garde permanentes et affiche sur ses murs des plans d'évacuation (un peu plus loin dans la région de Puyo). Le volcan demeure sous la surveillance des volcanologues qui sont généralement en mesure de prévoir une éventuelle éruption.
« Mama Tungurahua », comme on le surnomme ici, s'élève au-dessus de la ville telle l'épée suspendue au-dessus de la tête de Damoclès, mais malgré cela l'optimisme règne en maître sur Baños.

## BASILICA DE LA VIRGEN DE AGUA SANTA

L'église est un lieu de pèlerinage réputé pour les miracles de toutes sortes qui ont récompensé la ferveur des fidèles. Dans cette jolie église provinciale de style gothique, au plafond peint de belles couleurs, vous remarquerez donc les tableaux qui ornent les murs illustrant les principaux miracles de la Vierge. Au fond, dans une petite grotte, avec fontaine d'eau bénite, on vient de loin adorer la Madone et se signer avec l'eau miraculeuse.

## CASA DEL ARBOL

Certes, le site est touristique. Il s'agit d'une maison perchée dans un arbre, et d'une balançoire. La tradition veut que vous vous balanciez et que l'on prenne une photo de vous vue de dos. Ce qui donne l'impression que vous vous lancez dans le vide. La vue sur le volcan en face est splendide (si les nuages ne sont pas trop imposants). A voir !

## MIRADOR DE LA VIRGEN

Compter 1 heure de balade agréable, tout en montée (facilitée par des escaliers). Celle-ci débute à côté du cimetière. Vos efforts seront récompensés par une vue imprenable sur Baños et le volcan Tungurahua.
Certaines agences proposent des excursions jusqu'au mirador.

*Nuestra Señora de Santa Agua protège la ville des furies du Tungurahua.*

■ **MUSEO DE LA VIRGEN**
Dans le couvent des Pères Dominicains
Situé au 1er étage du couvent, ce musée est constitué d'une enfilade de salles encadrant une galerie. La promenade est agréable, car on est cerné par les montagnes environnantes. L'exposition hétéroclite, touchante de naïveté, présente pêle-mêle animaux naturalisés, images saintes et objets de culte, robes de la Vierge et offrandes de remerciement pour les miracles accomplis. Une collection numismatique et quelques papillons naturalisés complètent la liste des curiosités.

## Riobamba ★★★

De son vrai nom : San Pedro de Riobamba. A 165 km au sud de Quito, à 268 km de Cuenca et à 240 km de Guayaquil. La capitale de la province de Chimborazo compte environ 140 000 habitants et se trouve sur les pentes du volcan Chimborazo, le plus haut sommet du pays (6 310 m). Bénéficiant, à 2 794 m d'altitude, d'un climat sec mais froid, le nom de la ville signifie « la plaine où l'on passe » et elle est surnommée « sultane des Andes » ; en quechua son nom signifie « maison du gel ». Elle est entourée par les sommets enneigés des volcans Altar (5 321 m), Carihuairazo (5 020 m), Tungurahua (5 023 m), Cubillín (4 711 m) et Sangay (5 230 m).
Il est vrai que le magnifique écrin de montagnes au centre duquel elle repose constitue l'un des plus majestueux paysages du pays. San Pedro de Riobamba fut fondée le 15 août 1534 par Pedro Lizalzaburo et une poignée de notables espagnols. Aujourd'hui, les rues droites et larges, les bâtiments imposants du centre et les parcs arborés lui donnent un air noble et prospère, mêlé au charme désuet des façades décrépies. Active le jour, Riobamba s'éteint la nuit ; sa vie nocturne est réputée pour sa morosité. Confrontés aux frimas nocturnes, vous comprendrez aisément que les Riobambiens préfèrent rester chez eux !
La capitale de la province la plus indienne du pays, est le fief de Monseigneur Victor Corral qui continue le combat de Monseigneur Leónidas Proaño, l'évêque des Indiens, mort en 1988. Tous deux sont les dignes disciples d'un certain Las Casas. Son principal intérêt est de constituer un bon point de départ pour une ascension des volcans Chimborazo et El Altar, réservés aux alpinistes expérimentés.
Si le gigantesque marché du samedi encombre tout le centre-ville jusqu'en fin de journée, en revanche le dimanche est une journée morte. Le marché aux bestiaux (cochons, lamas, veaux, vaches, moutons), peu fréquenté des touristes, se tient au sud de la ville (prendre un bus en direction de la plaza de los Animales).
La fête patronale a lieu le 21 avril avec des défilés folkloriques et une foire agricole et artisanale. Du 24 décembre au 6 janvier, Riobamba célèbre les fêtes du Paseo del Niño.
Les spécialités gastronomiques de la région sont les *llapingachos* (pâtés de pommes de terre avec du fromage) servis avec des œufs au plat, les tortillas de maïs, le mote pata (maïs cuisiné avec de la viande), et la *canelita* ou *canelazo*, boisson chaude au rhum et à la cannelle.

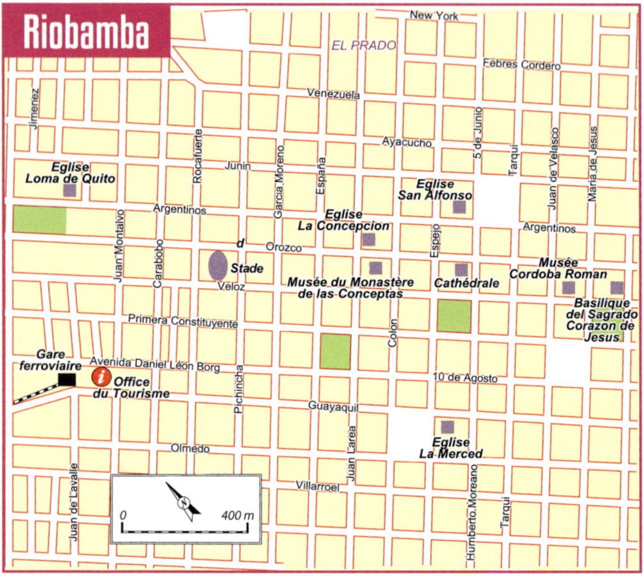


## ■ BASILICA DEL SAGRADO CORAZON DE JESUS

Plaza de la libertad
Veloz y Padre de Alvarado
Sa construction démarra en 1883 et dura trois années. L'intérieur est très harmonieux. L'autel principal est de style baroque et on remarquera une belle sculpture du Christ crucifié du Cuencano Ayabaca.

## ■ CATEDRAL DE RIOBAMBA

Veloz, entre Espejo et 5 de Junio
C'est l'un des seuls édifices de la ville qui ait résisté aux secousses du tremblement de terre de 1797.
Derrière une somptueuse façade ancienne de style baroque, joliment ouvragée et magnifiquement restaurée, on découvre avec déception une église moderne dépourvue de tout charme !

## ■ MUSEO DE ARTE RELIGIOSO DE LA CONCEPCION

Argentinos y Larrea
Cet ancien couvent est un des témoignages de la tradition religieuse et coloniale les plus intéressants de la ville. L'architecture typique de l'époque coloniale se caractérise par des bâtiments d'un étage, blancs, aux toits de tuile encadrant deux patios fleuris. Au fil des 14 salles, vous découvrirez une intéressante exposition de peintures religieuses et de sculptures des XVIIe et XVIIIe siècles de l'école de Quito,

des pièces d'orfèvrerie ainsi qu'une belle collection d'objets de l'époque coloniale et une cellule de religieuse. La salle 6 est consacrée aux crucifix dont certains sont attribués à Caspicara. La pièce maîtresse de la collection est un magnifique ostensoir d'or et de pierres précieuses. A signaler, la bibliothèque particulièrement bien documentée. Le tout est un vrai bijou au cœur de Riobamba.

**■ MUSEO – CENTRO CULTURAL DEL BANCO CENTRAL**

Edifico del Consejo Provincial
Veloz y Carabobo
Comme toutes celles du Banco Central, la collection est orientée vers l'art préhispanique, avec une exposition de céramiques et objets usuels retrouvés dans la région.

## Volcán Chimborazo ★★★★

Le volcan Chimborazo, plus haut sommet du pays culminant à 6 310 m, est le principal attrait touristique de Riobamba. Il est surnommé *Taita Chimborazo*, qui signifie « Papa Chimborazo » ; la mère étant « Mama Tungurahua ». Le sommet de ce gigantesque volcan désormais éteint est le point le plus éloigné du centre de la terre. La plupart des hôtels emmènent les touristes en taxi jusqu'au premier refuge (4 800 m) d'où ils effectuent à pied le chemin menant au deuxième, le fameux Whymper (du nom du premier alpiniste britanique qui a gravi le sommet en 1880). Ainsi, on traverse le villages des dernières communautés vivant sur les pentes du volcan. Le ciel est plus dégagé tôt le matin ou en milieu d'après-midi (vers 15h). La marche d'une petite heure reliant les deux refuges est éprouvante si l'on n'est pas accoutumé à l'altitude. Respirer et y aller doucement... Si l'on ne veut pas passer par une agence, il faut se rendre à la gare routière et prendre un bus pour Guaranda en demandant au chauffeur de s'arrêter à l'entrée du parc. De là, parcourir 8 km (800 m de dénivelé) au milieu des vigognes pour atteindre le premier refuge. Un autre refuge à 3 900 m, La Casa Condor (dortoirs : 5 US$ par personne), construit dans le cadre d'un projet de développement communautaire, se trouve sur le bord de la route avant l'entrée du Parc. On y accède par la route menant à Guaranda via El Arenal. Depuis cette route, comptez 3-4h de marche pour gagner le premier refuge. Des guides natifs sont disponibles pour vous faire découvrir la faune et la flore à pied ou à vélo.
L'entrée du Parc national coûte 2 US$ par personne. Pour explorer la région à pied ou à vélo, contactez une agence basée à Riobamba. Des guides locaux expérimentés vous mèneront à la découverte de ce volcan mythique.

## Parque Nacional Sangay ★★★

Cette vaste étendue protégée de 270 000 ha renferme trois volcans : le Sangay (5 230 m), le Tungurahua qui surplombe Baños (5 016 m) et l'Altar (5 320 m) ; les deux premiers étant actuellement actifs. Depuis 1983, ce parc fait partie du patrimoine mondial établi par l'UNESCO. Il est situé à cheval entre les provinces du Chimborazo, de Tungurahua et de Morona Santiago, et donc accessible depuis Riobamba, Baños, Puyo ou Macas.

Des excursions sont bien entendu proposées par les agences de Riobamba. En outre, l'AGIG, une association de guides indigènes qui promeut le tourisme communautaire dans la région, propose des treks avec nuits dans des chozas, petites maisons de terre avec toit de chaume, plus agréables que la toile de tente à de telles altitudes ! Les prix sont plus intéressants que ceux proposés par les agences locales, et en plus vous ferez une bonne action ! Les guides connaissent parfaitement leur environnement ; les excursions durent généralement plusieurs jours (3-4 jours minimum) et se font à pied ou à cheval.
Dans le parc coulent plusieurs rivières : Llushin, Palora, Puela, Volcan, Upano, Namaquimi et Sangay ; des cascades, des lacs (comme par exemple la Laguna Pintada). La faune est constituée de tapirs, de pumas, de renards des Andes en altitude et, entre autres, d'ours, de jaguars, d' ocelots et d'opossums partout ailleurs. Il y aurait entre 400 et 500 espèces d'oiseaux, dont le condor des Andes.

## Guano ★★

À 12 km au nord de Riobamba. Voici un joli et paisible village fondé en 1570. Notez que Guano constitue l'un des plus anciens noyaux de population en Equateur, et existait bien avant l'arrivée des Espagnols. La tradition artisanale locale est la fabrication manuelle de tapis, célèbres dans tous les pays. On rencontre de petits ateliers de tissage à chaque coin de rue et il est intéressant d'observer l'habileté des tisserands locaux. Il est possible d'acheter tapis et tapisseries de couleurs, ainsi que des couvertures. Préférez les ateliers aux boutiques. On trouve aussi, mais plus rarement, des articles en cuir, notamment des chaussures. Le marché a lieu le dimanche.

## Los Elenes ★★

Après Guano, la route traverse un magnifique paysage bucolique, les vaches et les moutons paissent tranquillement tandis que les paysans ramassent la paille ou tissent la cabuya, fibre végétale dont ils fabriquent les traditionnels shigras, ces paniers souples qui se portent suspendus à l'épaule. La route se termine quelques kilomètres plus loin au complexe balnéaire de Los Elenes (sorte de parc aquatique). Ses trois piscines thermales (entrée : 1 US$), censées guérir les maladies de peau et les rhumatismes, attirent les habitants de Riobamba le week-end (ouvert dès 8h).

## Guamote ★★

À environ 50 km au sud de Riobamba. A 3 100 m d'altitude (prévoir un pull-over !). Cette petite localité très pittoresque conserve un indéniable charme colonial, avec son église classique, ses rues étroites, ses maisons à balcons aux couleurs aujourd'hui délavées. La voie ferrée (qui était empruntée par le train qui effectuait le trajet Riobamba-Nariz del Diablo) traverse le village et sa petite gare est aujourd'hui désaffectée. Le jeudi matin se tient un important marché de fruits et légumes, de bétail et autres produits. Tout le village s'y donne rendez-vous. Guamote constitue une bonne escale avant d'atteindre Alausí, d'où vous pourrez prendre le train pour la Nariz del Diablo.

## Alausí ★★

À environ 63 km de Riobamba, perché à 2 355 m d'altitude. En 1534, Sebastián de Benalcázar fonda cette ville qui proclama son indépendance le 13 novembre 1820. Le marché y a lieu le dimanche ; le 29 juin, on célèbre le saint patron du village. Alausí est le point de départ du train qui descend jusqu'à la Nariz del Diablo, et c'est là son seul et unique intérêt. Les jours où le train circule, la tranquille bourgade est envahie par une foule hétéroclite de touristes. Il y a peu d'infrastructures touristiques sur place.

# SIERRA SUD

La Sierra Sud comprend les provinces de Cañar et de Loja, et plus précisément les villes de Cañar, Loja, Vilcabamba et Cuenca (entre autres). Dans cette région de l'Equateur, les touristes sont nombreux à vouloir découvrir les ruines d'Ingapirca, la vallée de Vilcabamba et ses habitants centenaires, et enfin la superbe ville de Cuenca, inscrite au patrimoine mondial de l'Unesco. Autre site digne d'intérêt : le Parc national du Podocarpus, non loin de Loja.

## Cañar ★★

3 160 m d'altitude. Cañar est la capitale de la province du même nom (elle-même capitale archéologique et culturelle du pays) et le berceau de la communauté originaire des cañaris. Cette ville étale son architecture coloniale sur les pentes des collines Nudo del Azuay, páramos de Curiquingue et Buerán. L'agitation est dense autour du marché central et des artisans céramistes. On pourra acheter à Cañar une selle en cuir ou des bottes... ou du fromage de vache que l'on vend dans tout le pays. La petite ville de El Tambo, où l'on peut admirer d'étonnantes maisons d'adobe et de bois peint, est la voie d'accès au chemin en terre qui mène aux ruines d'Ingapirca. Dans toute la région, on croise les cañaris reconnaissables à leur costume si particulier : les femmes portent des bas, jupes et fichus très colorés, ornés de motifs brodés ; les hommes, un pantalon noir, un mini-poncho brodé fixé à la taille par une ceinture tissée. Tous portent un étonnant chapeau rond de feutre beige sans rebords.

## Cuenca ★★★★

À 441 km de Quito, à 2 530 m d'altitude. Santa Ana de los Cuatro Rios de Cuenca (de son vrai nom) est blottie dans une vallée interandine de la Sierra sud de l'Equateur (vallée de Paucarbamba). La ville jouit d'un climat tempéré, avec une température moyenne de 17 °C. Elle est peuplée d'environ 400 000 habitants et s'étale sur 15 730 ha. Capitale de la province de Azuay, c'est aujourd'hui la troisième ville la plus importante du pays (derrière Guayaquil et Quito), avec trois universités, une intense activité commerciale, culturelle et artistique, qui la caractérise d'ailleurs depuis toujours. La ville fut fondée en 1557 par Gil Ramirez Dávalos, gouverneur de Quito, sur ordre du vice-roi du Pérou, Don Andrés de Mendoza. La particularité de son sol et les origines de son métissage ont donné à ses habitants une identité singulière qu'ils ont su préserver et cultiver au fil du temps.

A l'origine, Cuenca fut la ville inca de Tomebamba, considérée comme le berceau du roi Huayna Capac, elle-même bâtie sur ce qui fut Guapdondelig (qui siginifie « plaine grande comme le ciel »), cité du peuple cañari. Les Incas venus du sud, l'appelèrent Paucabamba, vallée fleurie. A l'époque de la colonisation, des artisans espagnols et italiens y installèrent des écoles d'art (architecture, sculpture et peinture), jadis réputées dans toute l'Amérique latine. Elles sont à l'origine des trésors artistiques de la ville. A la fois figée dans le passé et ancrée dans le présent, Cuenca possède un charme colonial indéfinissable, et son centre historique, qui se visite en deux ou trois jours (minimum), témoigne du faste de cette époque. Elle est d'ailleurs inscrite au patrimoine de l'UNESCO depuis 1999. Malgré la circulation grandissante, on sillonne toujours avec un immense plaisir ses rues pavées bordées de maisons blanches aux toits de tuiles romanes, ornées de jolis balcons fleuris. Belles façades aux tons pastel, patios secrets, balcons ouvragés, églises, parcs et places séculaires ; Cuenca en met plein la vue et enchante ses visiteurs. Sur les berges de la rivière Tomebamba, les lavandières lavent le linge à la force des poignets et le battent, comme autrefois, sur la roche.
L'une des balades les plus intéressantes va du pont du Cipad à celui du Vado où chaque façade dominant la rivière évoque un lointain palais. Foyer d'un riche artisanat, hérité des Cañaris, Cuenca porte, depuis 1975, le titre de Centre interaméricain d'artisanat et d'art populaire. Mais ce sont certainement ses trésors d'art colonial, cachés tels des joyaux au cœur de ses églises et couvents (XVII^e^ et XVIII^e^ siècles), qui rendent cette ville unique. Le marché Feria Libre est le plus grand marché de la ville. Répartis sur plusieurs blocs, les étals vendent animaux, vêtements, souvenirs et babioles en tout genre, fruits et légumes, matériel électronique... Le jour de grande affluence est le jeudi, mais le marché se déroule tous les jours de la semaine (attention aux pickpockets !). Le 24 décembre a lieu la fête la plus importante de la ville : El Paso del Niño Viajero, unique dans le pays.

*Une des nombreuses églises dans le centre ville de Cuenca.*

Sierra Sud
Equateur
N
0
75 km
QUITO
Santo Domingo
de los Colorados
Machachi
Rumiñahui
4 712
Cotopaxi
5 897
Chugchilán
La Ciénega
Saquisili
LATACUNGA
Quevedo
Pilaló
Zumbague
San Miguel de Salcedo
El Corazón
AMBATO
Patate
Carihuairazo
5020
Quero
vers Puyo
Salinas
Baños
Mocha
Chimborazo
6310
Tungurahua
5015
Guaranda
RIOBAMBA
El Altar
5320
San Miguel
Cajabamba
Parc
National
Sangay
Alao
Chillanes
Guamote
Sangay
5230
GUAYAQUIL
Bucay
Alausí
Atillo
Guasuntos
Huigra
Ingapirca
Cañar
CUENCA
Quito
Guayaquil

### CENTRO INTERAMERICANO DE ARTES Y ARTESANÍAS POPULARES (CIPAD)

Hermano Miguel 3-23
✆ +593 7 282 9451
On peut apprécier ici une singulière collection d'art populaire américain issue des différentes communautés indiennes de la Sierra et de l'Amazonie. Techniques d'hier et d'aujourd'hui. Egalement une boutique d'artisanat populaire.

### IGLESIA EL SAGRARIO

Mariscal Sucre y Luís Cordero
Pendant l'époque coloniale, l'église principale (telle qu'elle est surnommée) était le centre de culte religieux de la ville et constituait la paroisse des Espagnols. Les pierres de taille proviennent des ruines du Tomebamba, et ont servi de ciment et de base pour les murs. L'église principale est devenue une cathédrale à la fin du XVIII$^e$ siècle (décision de l'évêché). Aujourd'hui, l'église conserve sa structure coloniale basique malgré de nombreuses transformations réalisées aux XIX$^e$ et XX$^e$ siècles. A l'intérieur, elle compte 3 nefs, un autel central et 7 latéraux. On y reconnaît très bien les styles baroque et Renaissance.

### IGLESIA SAN BLAS

Manuel Vega y Simon Bolívar
Face au parc Simon Bolívar, où trône le buste de l'un des plus grands poètes équatoriens, l'enfant de Cuenca Manuel Calle, l'église exhibe sa façade rose, sa coupole et sa tour où trois cloches appellent les fidèles. Ce lieu de culte présente plusieurs particularités. D'une part, sa partie inférieure est construite entièrement en pierres de taille incas au début de l'époque coloniale. Au même endroit se dressait l'ancienne église qui, pendant longtemps, indiquait la limite est de la ville, dans la zone baptisée « quartier bas ». Le nouvel édifice, construit en 1935, conserve encore cette structure singulière. Sa façade de style roman est couverte de marbre rose. A l'intérieur, on aperçoit trois nefs principales, tandis que les deux petites sont disposées en forme parfaite de croix latine.

### IGLESIA DE TODOS LOS SANTOS

Larga y Vargas Machuca, Puente Todos los Santos
On sait qu'à l'époque de la colonisation se trouvait à cet emplacement une chapelle provisoire où a été célébrée la première messe après l'arrivée des Espagnols. L'église actuelle a été construite en 1924 et présente un style éclectique.

### IGLESIA SANTO DOMINGO

Padre Aguirre y Gran Colombia
C'est la 2$^e$ église de la ville par sa taille (après la cathédrale de l'Immaculée Conception). Cet édifice ne s'élève pas au même emplacement que l'ancien couvent et l'ancienne chapelle des Dominicains, puisque ceux-ci se trouvaient, à l'époque coloniale, dans deux terrains contigus qui forment aujourd'hui la rue Mariscal Lamar. L'église actuelle, dont la façade est encadrée par deux imposantes tours jumelles de 37 m de haut, a commencé à être construite au cours de la deuxième moitié du XIX$^e$ siècle. Elle fut terminée dans les années 1930 et dédiée à la Vierge del Rosario, plus connue comme Morenica del Rosario. La statue a son effigie, réalisée par Vélez, un artiste équatorien contemporain, peut encore être admirée sur l'autel principal de l'église.

Cuenca
Eglise
Hôpital
Banque
Musée et divers
0
200 m
BELLAVISTA
SAN SEBASTIAN
EL SAGRARIO
G. RAMIREZ DAVALOS
SAN BLAS
Stade
Corazon de Jesus
Casa Parroquial San Sébastian
Museo Municipal de Arte Moderno
Université de Cuenca
Hôpital
Maria Auxiliadora
El Dorado
Federation de Artisanos
Santo Domingo
Banque
Santo Cenaculo
Cathedral Nueva
San Alphonso
Poste
Del Sagrario
Museo de Esqueletologia
San Francisco
Police
Las Conceptas
Musée
Galerie Altany
Librairie Abraham Lincoln
Université Catholique
Musée des Arts Populaires
San Vicente de Paul
Hôpital Militaire
Todos Santos
San José
San Blas
Avenida Heroes de Verdeloma
Munoz Bernaza
Rafael Maria Arizaga
Gaspar Sangurima
D. Alvaro
Abraham Sarmiento
Gran Colombia
Mariscal Lamar
Octavio Cordero
Miguel Herredia
Miguel velez
Colonel Guillermo Talbot
Estevez de Toral
Juan Montalvo
A. Vega Muñoz
Tarqui
General Torres
Padre Aguirre
Pio Bravo
Luis Cordero
Présidente Borreo
Hermano Miguel
Mariano Cueva
Vargas Machuca
Tomas Ordoñez
Simon Bolivar
Mariscal Sucre
B. Malo
Presidente Cordova
Juan Jaramillo
Manuel Vega
Mmiguel A. Estrella
Avenida Huayna-Capac
Honorato Vasquez
Alfonso Jerves
Alfonso Malo
J. Arreaga
Calle Larga
Rio Tomebamba
Avenida 12 de Abril
Avenida Unidad National
Avenida Lola
Guayas
Lorenzo Piedra
Avenida Fray Vicente Solano

## IGLESIA SAN FRANCISCO

Presidente Cordova y Padre Aguirre

Après leur arrivée dans la ville, les franciscains ont construit un lieu de culte dédié à saint François (San Francisco). Cet ordre religieux est resté à Cuenca pendant presque trois siècles, jusqu'en 1860. Ensuite, à la fin du XIXe siècle, l'ancienne église est totalement remodelée sous la direction des prêtres Isaac Peña Jaramillo et José Ignacio Peña. A l'intérieur de l'église sont toujours conservés le grand retable de l'autel et la chaire de style baroque, dorés à l'or fin et sculptés à l'époque de la colonisation.

## MUSEO E IGLESIA DE LAS CONCEPTAS

Eglise : Presidente Cordova y Antonio Borrero

Musée : Hermano Miguel 6-33 y Juan Jaramillo

✆ +593 7 283 0625

*Le fabuleux musée des Conceptas à Cuenca.*

**Le musée.** C'est certainement le plus beau musée de la ville. Il est installé dans ce qui fut l'infirmerie du couvent des Madres Conceptas, construit au XIXe siècle. Dans ses salles, conservées telles quelles, on peut découvrir ce qu'était la vie quotidienne de ces femmes. Ainsi que des pièces d'art religieux et des ustensiles de l'époque. Une crèche en triptyque, particulièrement ouvragée, constitue l'une des pièces maîtresses de l'ensemble. Nombre d'entre elles sont issues des dots des religieuses qui entrèrent au couvent durant quatre siècles.

**L'église.** Elle doit son nom aux religieuses qui habitent le couvent auquel l'église appartient (couvent de l'Immaculée Conception). Sa construction date des débuts du XVIIIe siècle et l'on remarquera sa façade particulière : mur orné de niches et qui culmine en un petit rocher (espadaña), sur laquelle il n'y a pas de porte d'entrée. Les deux entrées se trouvent sur le côté où l'on peut apprécier deux jolies portes en bois sculpté. A l'intérieur de l'édifice, on peut voir des éléments de style baroque de grande valeur artistique, tels que le retable principal et les autels latéraux.

## NUEVA CATEDRAL DE LA INMACULADA CONCEPCIÓN

Parc Calderón

Benigno Malo y Mariscal Sucre

Considérée comme l'une des plus belles cathédrales d'Amérique du Sud, elle a été dessinée au XIXe siècle par le frère allemand du nom de John Stiehle. Sa construction commencée en 1855 ne dura pas moins de 120 années. Cet imposant édifice mêlant plusieurs styles architecturaux – roman, Renaissance et gothique (mais le style roman prédomine) -, se voit de loin grâce à ses trois coupoles bleues. L'intérieur ne laisse personne indifférent. Dans les nefs latérales prédominent les vitraux élaborés par l'artiste basque Guillermo Larazabal. Au centre, le grand baldaquin de style baroque et les colonnes salomoniques présentent des caractéristiques très similaires à celle du baldaquin de la basilique Sain-Pierre du Vatican à Rome. La façade, particulièrement remarquable, sertie d'une porte centrale et sculptée par Daniel Elias Palacio. Le sol est en marbre de Carrare. La cathédrale, toutefois, ne fut jamais tout à fait terminée : à la suite d'une erreur de calcul, les cloches, trop lourdes pour la structure, n'ont pu être placées dans le clocher !

## Mirador de Turí ★★

Turi (Toriyc) en quichua signifie « mirador ». Cette colline située au sud de Cuenca permet de profiter d'une vue panoramique sur toute la ville. A cet endroit se trouve une grotte dans laquelle, selon la légende, est apparu il y a des années le « Seigneur de Bethléem ». L'histoire dit qu'une fois amené jusqu'à la cathédrale de Cuenca, le Seigneur aurait préféré revenir passer la nuit à Turi.

## Ingapirca ★★★

À 80 km au nord de Cuenca, à 3 100 m d'altitude, dans la province de Cañar. Ingapirca est le principal site archéologique du pays. Il semblerait, compte tenu de son style architectural, que le site fut construit par les Cañaris et les Incas entre l'an 500 et 1532. Le site est composé d'un immense ensemble de structures de pierre, habitations terrasses et cheminées pavées qui couvrent une superficie d'environ 20 ha. Les principaux éléments constitutifs du site sont l'Adoratoire (ou Château), les appartements, la place, le secteur de la Condamine, Pillaloma, les Collcas... A 500 m des ruines se trouve un musée renfermant une collection de 2 472 pièces de céramique, métaux et pierres datant des civilisations narrio, cañaris et incas. On atteint le village par une petite route en bon état qui traverse un paysage formé de cultures, prairies, eucalyptus et résineux, où paissent vaches et lamas.

## Parque Nacional El Cajas ★★★

Ce magnifique parc national s'étend sur la partie occidentale de la cordillère andine, entre 3 000 m et 4 500 m d'altitude, couvrant la vaste superficie de 29 000 hectares. Unique par sa géologie volcanique et sa flore, il déploie 230 lacs et lagunes dans des paysages montagnards superbes. Ce congomérat de plans d'eau forme la source des rivières Yanuncay et Tomebamba. Cette dernière permet l'alimentation en eau de la ville de Cuenca.
Les panoramas sont spectaculaires et l'ensemble possède une grande valeur scientifique. Le paramó quasi désertique, la forêt tropicale primaire, les forêts de nuages, sont autant de lieux sauvages où l'on peut pratiquer la pêche sportive, l'observation d'oiseaux (toucan, condor, canards, oiseaux-mouches, perdrix...), ou de mammifères (ours à lunettes oso de anteojos), jaguar, porc-épic, tigrillo, chauve-souris... et surtout la marche à pied sur un ou plusieurs jours.

Il existe des bungalows pour l'hébergement des touristes au bord de la lagune de Cocheros, ainsi qu'un refuge avec dortoir à l'entrée du parc de Toreadora (penser à apporter son sac de couchage). Sur la route, quelques restaurants proposent de la truite. Le centre d'information du parc est situé vers la lagune de Toreadora. Attention, en raison de la haute altitude du parc national, il peut y faire très froid dès que le soleil se cache, mais quand il se montre, l'astre s'avère particulièrement dangereux pour la peau. Mieux vaut s'y rendre de bonne heure, le ciel se couvrant très souvent en début d'après-midi.

## Chordeleg ★★

À 45 km de Cuenca et environ 5 km de Gualaceo, à 2 390 m d'altitude. Un peu plus de 11 000 habitants. Ce petit village édifié sur la cime d'une montagne serait, aux dire de certains, le plus ancien lieu de culte d'Amérique du Sud. Chordeleg est le mirador de la rivière Santa Barbara et jouit d'une température moyenne de 16 °C. La ville mêle les héritages des civilisations cañaris et espagnoles et a su préservé ses richesses et traditions culturelles, visibles à travers l'artisanat local. C'est en effet le centre d'artisanat le plus important de la province. Le mot cañari Chordeleg se découpe en deux parties : *Choc* ou *Shor* qui signifie « fosse » (ou « sépulture ») et *delig*, « plaine ». Le tout peut donc se traduire par « plaine – ou champ – de la sépulture ».
La culture cañari a prospéré ici et s'y est développée pendant la période Tacalshapa II (500 ans apr. J.-C.). Adorateurs du Soleil et de la Lune, les Cañaris ont laissé leurs traces dans des villes comme Cañaribamba, la ville sainte de Tomebamba, des temples et un palais orné de marbre noir. Leurs sépultures, creusées parfois à une profondeur de 4 mètres, ont livré des richesses étonnantes : pectoraux, diadèmes, récipients de céramique et toutes sortes de bijoux remarquablement travaillés. Quelques-uns de ces objets sont faits d'un alliage d'or et d'argent. Chordeleg est resté célèbre pour ses ateliers de joaillerie, notamment d'orfèvrerie, et de céramique (en particulier des miniatures). Devenue très touristique, la bourgade compte presque autant de bijouteries que de maisons privées et elle est devenue célèbre pour ses boucles d'oreilles en filigrane. Une technique d'orfèvrerie très minutieuse.

## Valle de Yunguilla ★★

Jouissant d'un climat subtropical, la vallée de Yunguilla (Yunga signifie en quichua « lieu chaud ») qui mène à Machala est recommandée aux voyageurs en quête de tranquillité, d'un séjour à l'écart de l'agitation des grandes agglomérations. La vallée se trouve à 30 km au sud de Girón, à une altitude de 1 200 à 2 000 m, ce qui en fait la zone la plus chaude de la province. C'est l'un des repères favoris des habitants de Cuencas qui viennent y passer leurs vacances.
Riche en cultures (cannes à sucre, agrumes) et mines d'or exploitées depuis la période inca, la vallée renferme des villages chargés d'histoire : Girón, où fut signé le traité de Girón après la victoire des forces de la Grande Colombie sur le Pérou ; San Fernando, à l'ouest de Girón ; Santa Isabel, dont les origines remontent aux environs de l'an 1 000 ; et San Juan Bautista de Pucará (sur la droite, en

direction de Machala, en remontant la cordillère) qui fut une forteresse inca ; depuis ce magnifique village colonial, on domine stratégiquement la région littorale.

## Santuario del Cisne ★

A 70 km de Loja, en direction de Machala.

■ **SANTUARIO DEL CISNE**
✆ +593 7 258 0096
www.santuariodelcisne.org
Perché à 2 400 m au sommet du pic montagneux de Chayalama, ce sanctuaire est probablement l'un des lieux les plus visités par les Equatoriens. De 1596 à 1935, de nombreuses églises y furent édifiées en l'honneur de la Vierge Marie. La basilique actuelle, construite en 1935, de style gothique, contient une statue de la Vierge taillée dans le cèdre (fin du XVIe siècle). Son auteur, Diego de Robles, sculpta également les vierges du Quinche et de Guápulo (à Quito). Chaque année à la mi-août, selon une tradition inaugurée par Bolívar, la statue est transférée du sanctuaire à la cathédrale, où elle reste jusqu'au 1er novembre, date à laquelle elle retourne dans son sanctuaire montagnard. Ceci se fait à dos d'homme et en grande pompe, devant des milliers de pèlerins venus de toute l'Amérique latine, et même des émigrés habitant en Espagne ou aux Etats-Unis.

▸ **Un petit musée d'art religieux** adjacent à la basilique permet d'admirer des œuvres de l'Ecole quiteña, en particulier de Samaniego et Caspicara. Le décret signé par Simón Bolívar le 28 juillet 1829, qui a instauré le pèlerinage annuel de Loja, trône en bonne place. On découvrira avec curiosité les vêtements et les objets offerts par les fidèles à la Vierge.

## Vilcabamba ★★★

40 km au sud de Loja. 5 000 habitants. En quichua, Vilcabamba signifie « vallée sacrée », et il est vrai que ce village niché dans une vallée à 1 730 m d'altitude jouit d'un climat éternellement printanier (18 °C à 22 °C). Il est arrosé par deux fleuves : le Chamba, aux eaux tièdes, et le Uchima, aux eaux froides. Sacré ou pas, Vilcabamba possède un charme fou. Fondée en 1576 par Luís Hernando de la Vega, cette localité bénéficie d'une réputation internationale qui lui vaut le surnom de ville des Centenaires, à l'instar de deux autres endroits uniques au monde, Funza au Pakistan et Kokasas en Russie. Dans les années 1950, un Américain a révélé au monde l'existence de ce paradis où les malades recouvrent miraculeusement la santé et où les habitants vivent au delà de 100 ans ! Ici, dit-on, la mort a pris des vacances. De nombreuses équipes de scientifiques, médecins et journalistes du monde entier ont cherché à élucider ce mystère.

Le secret de la longévité (bien que la longévité des anciens de la vallée soit en fait inférieure à celle prétendue) s'expliquerait par plusieurs facteurs : alimentation végétarienne, eau minérale possédant des vertus curatives pour le cholestérol et les rhumatismes ; climat toujours égal (et 65 % d'humidité), ainsi qu'une totale absence de stress. Aujourd'hui, l'eau de Vilcabamba est mise en bouteilles et destinée à l'export, et le tourisme s'y développe tranquillement, mais sûrement ! Dans le village, on croise occasionnellement un vieillard. Certains sont des étrangers, des Américains surtout, venus là en quête de longévité.

Généralement les plus vieux restent chez eux et ne sortent que pour la messe du dimanche ; c'est donc à la sortie de l'église qu'on aura une chance de les rencontrer. Quoi qu'il en soit, grâce à sa sérénité sans pareil, son éternel printemps, ses paysages bucoliques, ses vallées et ses montagnes enchantées, Vilcabamba accueille de plus en plus de visiteurs en quête d'une halte revigorante. Les prix des biens immobiliers s'envolent, si bien que les gens de la région sont de moins en moins nombreux dans le village. Méfiez-vous de son charme : ce petit village propice aux rencontres est l'un des plus attachants du pays. Ici les activités sont nombreuses, et l'on y reste souvent plus longtemps que prévu. Parfois même, on n'en revient pas, d'où les nombreux établissements qui ouvrent et se réouvrent au fil des années. Vicabamba est une sorte de petit paradis pour les voyageurs du monde entier. A ne pas rater : l'organic market du samedi matin sur la place, c'est à ce moment-là que la vie bat son plein à Vilcabamba.

## Parque Nacional Podocarpus ★★

Au sud-est de Loja, dans les provinces de Loja et Zamora. On y accède par la route menant à Vilcabamba. Entre 900 et 3 800 m d'altitude, le parc s'étend sur 146 200 hectares et renferme lagunes, forêts d'arbres millénaires et sapins endémiques. Qualifié d'aire à haute qualité environnementale, ce parc possède une biodiversité abondante (l'une des plus importantes compte tenu de la superficie) et a d'ailleurs été créé en 1982 pour protéger deux espèces : le *Podocarpus rospiglios* et le *Podocarpus oleifolius*, espèces qui ont donné leur nom au parc. La majeure partie de la végétation est typique de la forêt humide de basse montagne. On passe de la forêt tropicale humide aux hauts plateaux (ou páramo). C'est un endroit idéal pour observer les orchidées et les plantes sauvages. On y recense entre 3 000 et 4 000 espèces de plantes vasculaires. Le parc est malheureusement menacé par le déboisement illégal. Sa faune très variée est caractéristique de la Sierra. Aussi ses vastes forêts abritent pumas, ours à lunettes, renards, loups du páramo, hérons tigrés, canards de torrent, dindes, coqs des roches, toucans, perroquets et colibris. D'autre part, plus d'une centaine de lacs et lagunes se sont formés ici grâce à d'anciens glaciers, et des rivières prenant leur source dans le parc alimentent plus d'un million de personnes (aussi est-il nécessaire de préserver et d'utiliser de manière durable cette ressource vitale !). On aperçoit aussi torrents et cascades aux eaux cristallines. Des excursions à pied ou à cheval de plusieurs jours peuvent être organisées au départ de Loja ou de Vilcabamba afin de profiter de ses magnifiques paysages, de ses orchidées et de ses oiseaux.

Un forte concentration d'oiseaux vivent là, puisque près de 600 espèces y ont été recensées (soit 40 % des espèces du pays) dont des toucans, perroquets, hérons et colibris. Plus de 40 espèces de mammifères cohabitent, et notamment jaguars, pumas, loups du páramo. Parmi les espèces rares et menacées, il faut noter la présence de l'ours à lunettes, du tapir des montagnes, de la perruche et de l'aigle.

- **Le droit d'entrée** coûte 10 US$ par personne.

# AMAZONIE

*Connu comme l'Amazonie, l'Oriente couvre tout l'est du pays, soit environ 48 % de sa superficie. Une immersion dans cette région, qui regroupe seulement 3 % de la population totale, permet de vivre une expérience unique. Ce vaste territoire tropical de 130 000 km² abrite des forêts profondes aux arbres entremêlés de lianes s'élevant parfois à plus de 50 mètres du sol, et une faune à la fois exceptionnelle, secrète et redoutable : oiseaux bariolés (toucan, perroquet macao, martin-pêcheur), animaux et insectes méconnus (grenouille fraise, araignée-scorpion, tarentule, fourmi conga, sauterelle-homard d'Amazonie), reptiles fascinants (boa, anaconda, caïman) et rares mammifères (tapir, dauphin d'eau douce d'Amazonie, piranha, Saïmiri ou « petit singe à tête de mort », singe laineux ou lagotriche gris, paresseux, puma). L'Amazonie compte plus de la moitié des 8 500 espèces d'oiseaux répertoriées sur la planète et environ 1 200 espèces de papillons. Au cœur de cette végétation, des communautés indigènes ayant su préserver leurs traditions vivent en harmonie avec la nature. Au nord de l'Oriente se trouve la réserve de Cuyabeno, l'un des coins les plus riches de la région en termes de biodiversité. Dans la forêt, on pourra séjourner dans un lodge, camp de base privilégié pour observer la flore et la faune. A bord d'une pirogue, on remontera les affluents des grands fleuves, dont les eaux parfois tumultueuses sont les seules voies de communication permettant d'atteindre certaines communautés reculées et d'explorer les lagunes. En compagnie d'un guide chevronné, on sillonnera la forêt à la découverte de ses espèces végétales et animales. Ici, les animaux sont rois. L'Amazonie est aussi le berceau de communautés indigènes de différentes nationalités – Shuar, Achuar, Secoya, Siona, Zapara, Cofán, Huaorani et Quichua – qui ont appris à vivre dans un territoire a priori hostile, et ce depuis plus de 10 000 ans. Traditionnellement nomades, elles se sont aujourd'hui sédentarisées. Les plus structurées sont les Shuar (ou Jivaro), des guerriers indomptables, connus comme les réducteurs de têtes, qui ont donné du fil à retordre aux Incas, puis aux Espagnols. Ils sont parvenus à garder leur identité tout en s'adaptant au monde moderne. Parmi les habitants de l'Amazonie, il faut enfin citer colons, agriculteurs, éleveurs et commerçants venus tirer profit des ressources de ces terres vierges.*

## Puyo

À 237 km au sud-est de Quito. Environ 25 000 habitants. La route asphaltée qui relie Baños à Puyo est spectaculaire, mais attention car les éboulements sont fréquents. Celle-ci serpente dans une végétation exubérante qui devient, au fur et à mesure de la descente, tropicale ; coincée entre des cascades impétueuses dévalant les flancs de la montagne et un précipice qui domine le puissant río Pastaza. On l'a d'ailleurs surnommée « la Ruta de las cascadas », la Route des cascades.

Sa descente en VTT constitue l'une des activités favorites des touristes (voir Baños). Comme bon nombre de villes d'Amazonie, Puyo fut fondée par des missionnaires dominicains (en 1899), mais il reste aujourd'hui peu de vestiges architecturaux témoignant de cette époque.
Capitale de la province de Pastaza, Puyo est la 2e ville la plus peuplée de l'Oriente après Lago Agrio et se situe à 1 000 m d'altitude. Cachée dans une épaisse forêt sur les rives du Pastaza, Puyo bénéficie d'un climat printanier annuel, même elle est en permanence sous les nuages.
La ville est prospère et les petites rues pavées, bordées de maisons en bois, témoignent d'une douceur de vivre rare dans les autres villes amazoniennes. En mai, un grande foire s'y déroule sur quatre jours.
Porte d'entrée de l'Amazonie, Puyo est indéniablement une étape touristique. Carrefour routier entre la Sierra et l'Oriente, de nombreux touristes y transitent. Pourtant, la ville en elle-même ne présente pas grand intérêt pour le voyageur. Cependant, l'une de ses activités artisanales principales est le travail du balsa, ce bois très léger qui servait à fabriquer, sur la Costa, des bateaux avec voile et gouvernail.

## ■ JARDIN BOTANIQUE LAS ORQUIDEAS

Barrio Los Angeles
Via San Jacinto
✆ +593 3 253 0305
✆ +593 8 591 6810
www.jardinbotanicolasorquideas.com
jbl_orquideas@yahoo.com
A 3 km au sud-ouest de Puyo, sur la route menant à Macas. Se rendre jusqu'au barrio Los Angeles, tourner à droite et suivre les indications (Jardín Botánico las Orquídeas).
Taxi : 3 US$. Depuis Puyo, prendre le bus de la ligne 2, en face de la Cooperativa San Francisco (Atahualpa y 27 de Febrero). Départ toutes les 15 minutes, durée 20 minutes, 0,25 US$.
Situé juste à l'extérieur de la ville, il renferme une superbe collection de quelque 200 espèces d'orchidées. Le sympathique couple tenant les lieux, passionné d'environnement, participe activement depuis plus de 25 ans à la sauvegarde de la biodiversité amazonienne. Leur immense jardin mérite une longue visite. Possibilité d'acheter des fleurs sur place.

## ■ PARC ETHNOBOTANIQUE OMAERE

Fundación Omaere – Casilla 802
Quartier ouvrier de Puyo (barrio Obrero)
Au début du Paseo Turístico del Río Puyo
✆ +593 3 288 3174
✆ +593 3 288 7656
www.omaere.wordpress.com
fundacionomaere@gmail.com
À 5 minutes en voiture du centre de Puyo. Il est préférable de s'y rendre en taxi depuis le terminal terrestre.
Un parc qui permet de mieux comprendre la relation unissant l'Homme à la Nature. Accompagnés d'un guide indigène natif de la région, les visiteurs sillonnent les sentiers de la réserve, découvrant ainsi fleurs, arbres et plantes médicinales. Des huttes de bois typiques de différentes communautés ont été reconstruites pour rendre compte de l'habitat et de la vie quotidienne de ces populations. Les us et coutumes locaux sont expliqués sans mise en scène.

vers Medellín
COLOMBIE
Tulcán
San Gabriel
Ibarra
Cotacachi
Otavalo
Cayambe
QUITO
Papallacia
Sangolqui
Machachi
Baeza
Lago Agrio
San Miguel
Coca
Aguarico
Coca
Napo
Nueva Rocafuerte
Cotopaxi
5897 m.
Archidona
Napo
Salcedo
Tena
Misahualli
Puerto Napo
Pelileo
Pastaza
Baños
Puyo
Curaray
Guano
Riobamba
Palora
Palora
Chiguaza
Pastaza
Macas
Sucúa
Upano
Méndez
Paute
General Plaza
Ligne frontière tracée par le protocole de Rio de Janeiro en 1942
Tigre
Quito
PEROU
Santiago
Morona
Pastaza
N
0
100 km
Amazonie

**Volontariat possible** (minimum 1 mois sur place) ; envoyer un mail. Les missions sont les suivantes : guide, entretien du parc, préparation des traitements médicinaux, aide au développement d'infrastructures écologiques pour les communautés, et autres projets dans ce domaine.

**PASEO DE LOS MONOS**
Via 10 de Agosto, au km 2 depuis Puyo
✆ +593 3 303 0801 /
+593 9 9474 0070
www.losmonos.org
Ouvert depuis 2005, ce refuge a été créé pour l'accueil et le soin des primates victimes de la déforestation et du braconnage dans la région, malheureusement de plus en plus nombreux aujourd'hui. Le centre, géré par un suisse, Yvan, ainsi que son équipe de volontaires, a aussi une vocation éducative et sensibilise les visiteurs à la protection de l'environnement. Installé dans un parc immense, en plein cœur de la forêt vierge, vous y croiserez notamment différentes espèces de singes dont certains, en liberté, viennent à votre rencontre (chorangos, saimiris ou singes-écureuils, singes-araignées, etc.) mais également des tortues, des perroquets, des coutis... Le prix d'entrée, en plus de donner droit à une excellente visite, permet de contribuer à la future réinsertion en milieu naturel de tous ces animaux. Une belle initiative !

**RESERVE BOTANIQUE LOS YAPAS**
A 7 km de Puyo sur la route de Tena
Près du village de Fatima
✆ +593 9 9284 6834 /
+593 9 9480 2268
www.losyapas.com
Située au cœur d'un parc de 15 ha, cette *finca botanica* est un centre de conservation et de restauration de la flore amazonienne. Elle abrite de nombreuses espèces végétales, de plantes tropicales, d'orchidées, d'arbres fruitiers... Elle est gérée par Gabriela, biologiste et écologiste francophone passionnée, qui se donne à la cause botanique en compagnie de Yolanda. La *finca* propose également des chambres doubles ou multiples. La cuisine de Gabriela, plutôt végétarienne et aux saveurs thaïlandaises, est excellente. Un très bel endroit pour en apprendre énormément sur les plantes et leurs vertus. Volontariat possible avec comme mission l'études des plantes, la reforestation, ou encore le développement d'infrastructures écologiques.

## Cueva de los Tayos ★

À 150 km au sud de la capitale de la province de Morona Santiago (prendre la route de Santiago), se trouve la caverne de Los Tayos. Dans cette immense caverne, d'une profondeur de 85 m, qui doit son nom à un oiseau nocturne frugivore, se trouve un ensemble de galeries, de salles et de murs constitués de blocs superposés ornés de pétroglyphes et de peintures rupestres. L'ensemble aurait été une sépulture et aurait abrité une bibliothèque rupestre. Les indigènes continuent d'alimenter la légende : au fond de la caverne se trouveraient des statues en or ; l'Eldorado hante toujours les esprits. La plupart des agences de Macas proposent des excursions.

Retrouvez le sommaire en début de guide

## Reserva Ecológica Kapawi ★★★

La Réserve de Kapawi est située en territoire achuar, près au confluent des rivières Pastaza et Capahuari, non loin de la frontière péruvienne. Cette zone est l'une des plus reculées – et donc des mieux protégées – du bassin amazonien. C'est une région vierge, épargnée par l'exploitation forestière, minière ou de pétrole. La route la plus proche est à 10 jours de marche du lodge, celui-ci est donc accessible uniquement par voie aérienne. L'excursion dans la réserve débute à Shell, près de la ville frontière de Puyo. C'est le siège de la communauté achuar hors de son territoire. On peut accéder à Shell par la route depuis Quito (compter environ 4 heures et demie de route en bus public).
Une des caractéristiques les plus distinctives de forêts tropicales humides est leur richesse biologique, en particulier par le nombre d'espèces.La réserve offre aux visiteurs une immense diversité d'espèces animales et végétales. C'est dans cette région que l'on recense la plus grande variété de plantes vivantes et d'espèces animales au monde. Au kilomètre carré de forêt tropicale on peut trouver jusqu'à 1 500 espèces de plantes à fleurs, 750 espèces d'arbres, 125 espèces de mammifères, 400 espèces d'oiseaux, 100 espèces de reptiles, 60 espèces d'amphibiens et 150 espèces de papillons.

## Baeza ★

À 34 km de Papallacta et environ 100 km de Quito, 1 400 m d'altitude. Environ 1 800 habitants. Après Papallacta, la route se dégrade rapidement, souvent endommagée par des éboulements de terrain et les pluies. En venant de la capitale, la route qui mène à Baeza est sauvage et magnifique. Cet itinéraire est connu pour avoir été emprunté par Francisco de Orellana lors de sa quête de l'Eldorado qui l'a mené en Amazonie.
Ville de la province de Napo, Baeza fut fondée en 1548. Aujourd'hui, à cet endroit, la route se sépare pour prendre deux directions différentes : d'un côté Tena ; de l'autre, Lago Agrio. On l'appelle le « Y » (« i griegra ») de Baeza. C'est une bourgade sereine où la poulation se dédie principalement à l'élevage. Une petite église traditionnelle orne le parc central.

## Tena ★

De son vrai nom : San Juan de los dos Rios del Tena. A environ 190 km de Quito, à 22 km de Misahualli. Environ 30 000 habitants. Tena est la capitale de la province de Napo, région qui fut successivement embrasée par la fièvre du caoutchouc dans les années 1880, puis par celle de l'or dans les années 1930. Depuis le 15 février 1967, date du démarrage de l'exploitation pétrolière, l'or noir a converti la région en un centre énergétique et économique du pays. Située à la confluence des fleuves Tena et Pano, Tena est une ville active, agréable et accueillante malgré la chaleur humide qui y règne. Il reste peu de traces de l'ancienne bourgade coloniale fondée au XVIe siècle, et les traditionnelles maisons sur pilotis ont cédé la place à des constructions modernes. Les fleuves qui traversent la ville tentent vainement de donner un peu de fraîcheur.

Tena
PALANDACOCHA
GIL RAMIREZ D.
H. CONSEJO PROVINCIAL
VISTA HERMOSA
BARRIO EL TERERE
Stade Juan XXIII
Institut H. Miguel
Mission Josefina
Cathédrale de Tena
Collège
Parc
Hôtel de Ville
Stade F.D.P.N
Aéroport
Casa de la Cultura
Poste
Marché central
Colisé national Mixto Tena
Information touristique
Terminal routier
Stade M. Spiller
Stade
Unité éducative Ciudad de Tena
Rio Pano
Rio Tena
Yusupino
Cesar Agusto Rueda
Avenida Pano
Edwin Enriquez
Gabriel Espinosa
Ruben Lerso
Avenida 15 de noviembre
Victor H. Sanmiguel
Manuel Maria Rosales
Cuenca
V. Hugo Vasco
Pullurcu
Llanganates
Ita
Paza Urco
Avenida del Choffer
Guacamayos
F. Monteros
Secundo Baquero
Tena
Serafin Guttierrez
Mariana Montesdeoca
Misahualli
De Ganni
Santa Rosa
S. Narvaez
Luis Hurtado
Gil Ramirez
Inchiquiro
Carlos Shiguango
Avenida Hiervitas
Juan Chimbo
Shiguango
Hollin
12 de febrero
Maranon
Avenida 15 de Noviembre
Av. Francisco de Orellana
P. Peatonal
9 de Octubre
Pichincha
Atahualpa
D. de Pineda
Direccion de Cultura
Juan Leon Mera
L. Paguay
Sucre
Juan Montalvo
Amazonas
Rocafuerte
Garcia Moreno
Simon Bolivar
Manuela Canizares
Avenida Tamiahurco
Avenida Las Palmas
Casique Beto
Avenida Jumandy
El Dorado
Union y Progresso
Oscar Montaño
Apu Domingo
Jorge Palamqui
Luis Correa
Calicuchima
Andelmo Rodriguez
Zaparos
Shuaras
Avenida
Terere
Colonso
Los Quichuas
Tetetes
Nongue Fogore
Guaranis
0
200 m
N

Leurs rives sont équipées de centres balnéaires, où les jeunes se retrouvent en fin de semaine. Une nouvelle université à l'architecture imposante se donne pour ambition de retenir les étudiants locaux en Amazonie. Le kayak et le rafting, spécialités de la région, contribuent également à développer l'activité touristique. Le marché hebdomadaire se tient le samedi, et la ville est alors en effervescence dès le petit matin.

## Misahuallí ★

À 27 km de Tena. De son vrai nom : Puerto Misahualli. C'est le principal port fluvial sur les rives du río Napo à la confluence du Misahuallí. De Tena, il faut passer par Puerto Napo et emprunter la piste qui suit la rive gauche du río Napo. C'est un joli et paisible village qui constitue l'un des principaux points de départ pour une excursion dans la forêt amazonienne, il est très fréquenté par les touristes. Une ambiance de vacances y règne. Vous aurez vite fait le tour, puisque le village se résume (quasiment) aux rues qui encadrent le parc central. Il est d'autant plus pittoresque que l'on peut y apercevoir des singes. Le tourisme communautaire est aussi très répandu dans le coin, de belles opportunités se présentent à vous ; suivez le guide...

## Punta Ahuano - La Punta ★

A proximité de Misahualli, sur l'autre rive du rio Napo. Punta Ahuano est l'embarcadère d'où vous prendrez une pirogue pour gagner votre lodge (notamment pour le Sinchi Sacha Lodge ou l'un des lodges de Ahuano). La piste se termine au bord du Napo et quelques huttes marquent l'embarcadère. De là, le village d'Ahuano est à 10 minutes de navigation de l'autre côté du fleuve (comptez 10 US$ par pirogue pour une traversée, quel que soit le nombre de passagers). Possibilité de garer votre véhicule près de l'embarcadère ou au parking de la Casa del Suizo. Chaque vendredi, les habitants des villages environnants débarquent pour vendre et acheter des produits ; un marché de fortune se tient sur la rive.

## Coca

À 175 km de Quito. Officiellement baptisée Puerto Francisco de Orellana, du nom du découvreur de l'Amazone, la ville est connue sous le nom de Coca (ou El Coca). Elle doit ce nom à l'ancienne coutume des indigènes qui mastiquaient les feuilles de la coca (une plante qui n'est plus répandue en Equateur). La ville fut fondée en 1949. Après la découverte d'un important gisement de pétrole dans les années 1970, Coca, qui n'était alors qu'un village, s'est développée anarchiquement, entraînant une série de malédictions engendrées par l'exploitation pétrolière : infrastructure bâclée, déforestation, acculturation, prostitution et trafics en tout genre... Capitale de la dernière province équatorienne à avoir vu le jour (Orellana), Coca est une ville animée d'environ 80 730 habitants, qui connaît aujourd'hui la déferlante du tourisme. Son aéroport, desservi quotidiennement depuis Quito en 25 minutes, décharge les groupes de touristes qui partent d'ici à la découverte de la forêt amazonienne, dans les lodges ou sur des bateaux-hôtels. En ville, l'atmosphère est cosmopolite et l'effervescence commerciale, incessante. Cependant, la chaleur moite et le manque d'esthétisme de Coca freinent les touristes.

*Rue commerçante à Coca.*

## Pompeya ⭐

À Pompeya, près de Limoncocha, le seul véritable intérêt de ce village est son musée archéologique.

### ■ MUSEO ARQUEOLÓGICO DE CICAME

A Pompeya, près de Limoncocha

Ce musée rassemble une collection de poteries de la civilisation Omagua, l'une des principales civilisations précolombiennes de la région. Egalement de nombreuses statuettes au crâne aplati, témoignage d'une coutume ancestrale, des urnes funéraires, des vases aux motifs amazoniens. Le musée est né il y a 30 ans grâce au soutien de la Suisse. Malgré son manque de moyens, il offre néanmoins une belle découverte de l'héritage précolombien. Les visites se font en général avec des guides naturalistes qui ont aussi une très bonne connaissance des civilisations anciennes. Une petite boutique permet en outre d'acheter des livres et un peu d'artisanat de la région. Le musée est installé sur le site d'anciens missionnaires capucins et conserve un agréable jardin composé de fleurs tropicales et arbres fruitiers.

## Reserva Biológica Limoncocha ⭐⭐

La réserve biologique de Limoncocha est située dans la province de Sucumbíos, sur les rives nord du río Napo (compter 1h30 depuis Coca). Elle fut déclarée zone protégée en 1985. Elle s'étend sur près de 5 200 hectares peuplés de forêts tropicales humides (température moyenne de 25°C).

### ■ RESERVA BIOLÓGICA LIMONCOCHA

Sur la rive nord du Rio Napo

Comptez 1h30 depuis Coca

Une immense partie de cette réserve biologique de 5 260 ha est couverte par la lagune de Limoncocha, véritable sanctuaire pour les animaux et les oiseaux (environ 400 espèces y ont été recensées). La lagune de Limoncocha abrite des colonies de singes, ainsi qu'une grande concentration de caïmans noirs d'Amazonie, que l'on observe à la tombée de la nuit. On les approchera silencieusement en pirogue après les avoir localisés avec une lampe torche, leurs pupilles reflétant la lumière comme des phares. La lagune est alimentée par un bras du Rio Napo, qui permet une circulation de l'eau de la faune sous-marine. Ainsi, on y titillera le piranha en l'aguichant avec des morceaux de viande. Après avoir créé la sensation dans le bateau, les bestioles seront évidemment très rapidement relâchées. Des agences proposent cette excursion d'une journée au départ de Coca.

## Bosque Protector Pañacocha ★★

Le Bosque Protector Pañacocha est situé dans la province de Sucumbíos. La température varie entre 25 ° et 30 °C. La communauté quichua Pañacocha peuple ce territoire qui fut déclaré Bosque Protector en 1986, et s'étend sur environ 50 000 hectares. C'est une forêt tropicale humide dans laquelle vivent, entre autres, des singes hurleurs et de tapirs. Sa rivière Pañayacu aux eaux sombres, dont le nom signifie littéralement « rivière des piranhas », permet d'observer ces poissons mythiques. Rassurez-vous, ils ne sauteront pas dans le bateau pour vous dévorer ! Pendant l'excursion vous verrez peut-être aussi l'un des mammifères aquatiques endémiques de l'Oriente : le dauphin rose. Le clou de la navigation est la baignade dans le lac Pañacocha (douce température), « le lac des piranhas ». Ses eaux, plus claires, sont aussi infestées de poissons et vous pourrez les observer dans leur élément naturel. En fait, les piranhas se révèlent parfaitement inoffensifs, tant qu'ils ne perçoivent pas de goutte de sang…

*Parque Nacional Yasuni.*

## Parque Nacional Yasuni ★★★

La Réserve du Yasuní, constituée du Parc national Yasuní et de la Réserve Huaorani, est une zone de 545 000 hectares renfermant une incroyable et rare biodiversité. Située dans les provinces de Napo et Pastaza, elle a été déclarée Réserve mondiale de la biosphère par l'Unesco. C'est aussi le lieu d'habitat du peuple Huaorani, un peuple guerrier craint par les autres peuples amazoniens. Ils sont restés en isolement relatif jusqu'au début du siècle dernier. Grands marcheurs et connaisseurs de leur milieu, ils ont vécu en harmonie avec la forêt amazonienne, en se consacrant à la chasse et à l'agriculture itinérante.

Le parc est un rempart contre les entreprises pétrolières qui ont obtenu des concessions d'exploitation au nord de Coca. Occupant des zones de forêt tropicale humide, ce site renferme l'une des plus grandes diversités biologiques du monde. Du río Napo, on naviguera en pirogue sur les étroits cours d'eau plus sombres (*aguas negras*) couleur de thé, et on s'enfoncera dans les mangroves. L'épaisse forêt est un terrain d'observation unique : singe-araignée, oiseau tisserand noir et jaune vif, oropendola au sifflement grave, hoatzin (ou hoazin), grand oiseau brun huppé, toucan, martin-pêcheur... Et offre un véritable spectacle sonore ; les bruits de la forêt sont incessants, de jour comme de nuit. Les zones de terra firma, situées au-dessus du niveau de l'eau, permettent d'explorer plus en profondeur la forêt, en allant à la rencontre des diverses variétés d'insectes, de plantes et arbres géants et des villageois installés à proximité de la rivière.

### ■ PARQUE NACIONAL YASUNI

Reconnu par des scientifiques comme étant l'une des plus grandes réserves de biodiversité au monde, le parc naturel Yasuní regroupe plus de 640 variétés d'arbres. Ce parc a été déclaré Réserve Mondiale de la Biosphère par l'Unesco. C'est aussi la terre natale du peuple Huaorani, d'authentiques guerriers qui vivent en auto-suffisance. Les impacts prévisibles de l'activité pétrolière dans le parc sont la pollution, la déforestation, la destruction du tissu social, l'extinction des cultures... Ainsi, l'initiative Yasuni-ITT vise à protéger le parc en évitant d'y extraire du pétrole, et en trouvant d'autres sources d'énergie dénuées d'impacts négatifs sur l'environnement.

▸ **Plus d'infos sur le site** (en français) : www.sosyasuni.org

## Reserva de Cuyabeno ★★★

L'entrée de cette vaste étendue de 603 380 ha de forêt primaire se trouve à environ 100 km à l'est de Lago Agrio (compter 2h de bus), dans les provinces de Sucumbios et Orellana. Elle a été déclarée Réserve faunistique par le gouvernement, le 20 novembre 1979, dans l'optique de préserver ses ressources naturelles, les valeurs culturelles et ethniques de ses populations, et de mener des investigations scientifiques. C'est l'une des réserves les plus riches du pays en terme de biodiversité (avec le Parc national du Yasuní), et un territoire encore sauvage.

Réserve de Cuyabeno
Puerto del Carmen
Zone protégée de Cuyabeno River Lodge
El Puente
Guyabeno River Lodge
vers Quito
Chiritza
Laguna Grande
Rio Cuyabeno
Puerto Bolivar
Sionas
Réserve faunistique de Cuyabeno
Rio Güepi
Aguas Negras
Playas de Cuyabeno
San Pablo de Kantesiya (Cofanes)
Quichuas
Secoyas
Rio Aguarico
Rio Sábalo
Sábalo Cofanes
Rio Lagarto
Laguna Lagartococha
Zancudococha
PEROU
EQUATEUR
0
500 m
N
Village
Communauté indigène
Lodge
Camping
Toilettes

Au sein de cet écosystème, on recense 14 lagunes, dont la Laguna Grande, reliés par des canaux et des bras de fleuves et plus de 500 espèces d'oiseaux, 450 espèces de poissons, 12 000 espèces végétales, 160 espèces de mammifères, 54 espèces de reptiles et 84 espèces d'amphibiens. Les animaux y vivent en totale sérénité, et l'on peut y croiser caïmans, anacondas, boa, tatous, tapirs, dauphins roses d'eau douce, singes (laineux, araignée, etc.), toucans, perroquets, insectes (araignée-scorpion, tarentule, conga, etc.), pumas, paresseux, grenouilles...

La réserve est aussi le berceau de huit communautés indigènes de cinq nationalités différentes (Siona, Secoya, Cofán, Kichwa – ou Quichua – et Shuar), que vous aurez peut-être la chance de croiser. Ces populations vivent en harmonie avec la nature en tentant de pérenniser leurs traditions séculaires. Pour elles, la forêt est un territoire sacré, les animaux sont considérés comme des esprits protecteurs et les plantes ont des vertus médicinales. Dans les villages, les chamans sont dépositaires d'un savoir-faire et de pratiques ancestrales (guérison, voyance, entre autres), ce qui leur vaut le plus profond respect de la population. Ils connaissent tous les secrets de la forêt et parviennent à entrer en contact avec ses esprits ; ils sont le lien entre elle et ses habitants. Lors de cérémonies chamanique, ils utilisent l'*ayahuasca* (ou *yajé*), une plante sacrée avec laquelle ils préparent une boisson leur permettant de « voyager dans le cosmos » et ainsi guérir, conseiller et transmettre leurs connaissances autour d'eux.

La meilleure période pour s'y rendre s'étend de mars à septembre, pendant la saison des pluies (pluies maximales en avril mai, puis en octobre novembre). Pendant la saison sèche (décembre et février), certaines zones uniquement accessibles par voie fluviale sont donc fermées (les canaux étant parfois asséchés). Toute l'année, les températures oscillent entre 23 et 34 °C et le taux d'humidité peut varier entre 85 et 100 %. Les précipitations, quant à elles, varient entre 3 000 et 4 000 mm ; il pleut les 3/4 de l'année !

- **Droit d'entrée :** 2 US$ par personne.

*Parc national Yasuni.*

# LA VERSION NUMÉRIQUE DE CE GUIDE OFFERTE

**D8ZC9AXU4WP5**

Le code ne peut être utilisé qu'une seule fois.
Il faut respecter les caractères en majuscule du code.

1. Rendez-vous sur la boutique en ligne Petit Futé : http://boutique.petitfute.com/
2. Saisissez votre code de promotion à droite dans le carré **« La version numérique de votre guide offerte »** dans l'onglet Code de promotion et cliquez sur le bouton **OK**.
3. Cliquez sur **« Continuer le paiement »** avec un montant global à 0 €.
4. Si vous avez déjà un compte : connectez-vous avec le bouton **« S'identifier »** puis choisissez une adresse de facturation et cliquez sur **« Continuer »**.
5. Si vous n'avez pas de compte : cliquez sur le bouton **« S'inscrire »**, remplissez le formulaire d'inscription puis cliquez sur **« S'inscrire »** ensuite complétez votre adresse de facturation et cliquez sur **« Continuer »**.
6. Vérifier l'adresse de facturation.
7. Ensuite, cliquez sur « Continuer » puis **« Pas d'information de paiement nécessaire »** puis **« Passer la commande »**.
8. Cliquez directement sur le lien **« Mes produits téléchargeables »** ou cliquez tout en haut sur le lien **« Mon compte »** et cliquez plus bas sur le lien **« Mes produits téléchargeables »** dans la colonne gauche **« Mon compte »**, puis sélectionnez à droite votre format sous le titre.

# CÔTE PACIFIQUE

*La côte Pacifique ou Costa, l'une des quatre grandes régions du pays, s'étend des pentes occidentales des Andes aux rives du Pacifique, entre la province d'Esmeraldas au nord et la province d'El Oro au sud. Vous allez entrevoir un autre Equateur, où populations, paysages et gastronomie sont d'une immense variété. Partout on y profite d'une chaleur tropicale qui tranche avec le climat rude de la Sierra.*

*On aborde souvent la Costa par Guayaquil, l'opulente et nerveuse capitale économique du pays qui offre un nouveau visage, avec son Malecón et le quartier de la Peñas ainsi que sa vie culturelle et sociale. Même si l'on y est souvent en transit.*

## GUAYAQUIL ★★★★

A 420 km au sud-ouest de Quito. Avec environ 2,4 millions d'habitants, Santiago de Guayaquil (de son vrai nom) est la ville la plus peuplée du pays. La capitale de la province de Guayas est située à l'intérieur des terres, à 58 km de l'embouchure du fleuve Guayas dont elle occupe la rive droite. Le plus grand port du pays – et l'un des plus importants de la côte Pacifique sud-américaine – est par ailleurs bordé à l'ouest par l'estuaire du Salado. Si Quito est la capitale administrative et historique du pays, celle que le journaliste (et non moins poète) Juan Batista Aguirre surnomma la « Perle du Pacifique » est la capitale économique de la République de l'Equateur. Près de 3/4 des exportations quittent le pays depuis son port et 90 % des produits importés en Equateur transitent par la ville.

De nombreux cargos et bateaux circulent constamment dans le delta boueux, transportant produits industriels, produits agricoles, poissons ou passagers. La culture est aussi présente à Guayaquil, avec un certain nombre de cinémas, de musées d'art colonial, religieux ou contemporain, ou encore d'histoire de la ville.

L'occasion de découvrir que la première ville d'Equateur par sa taille, entretenait à la belle époque du cacao des relations privilégiées avec le royaume de France ; et que la classe moyenne conserve encore aujourd'hui une certaine francophilie.

Le rythme de vie y est fébrile malgré la chaleur humide. Le climat de la ville résulte de plusieurs facteurs. De par sa situation géographique, Guayaquil jouit d'un climat chaud toute l'année (température moyenne de 25 °C). Cependant, sa proximité avec l'océan Pacifique engendre deux saisons, sous l'influence du courant de Humboldt (froid) et de El Niño (chaud).

L'hiver, saison pluvieuse et humide avec une chaleur tropicale, s'étend de mi-décembre à avril ; l'été, saison sèche et un peu plus fraîche, s'étend de mai à décembre. Côté gastronomie, la cuisine

## Séisme de 2016

Cette région du nord-ouest de la côte Pacifique – et notamment les provinces de Manabi et d'Esmeraldas – a été durement frappé par un séisme d'une magnitude 7,8 le 16 avril 2016. La région a été défigurée par endroits ; la ville de Pedernales est pratiquement rayée de la carte. Le bilan humain établi dans les jours qui suivirent la catastrophe faisait état de plus de 650 morts, 16 000 blessés et 26 000 sans abris.



locale est influencée par la proximité de la mer. Le crabe du golfe, une variété endémique de la région, est à la base de nombreux plats dont raffolent les Guayaquileños : fruits de mer, coquillages, huîtres, crustacés, crevettes, langoustines, langoustes... Les tripes à la sauce cacahuète font aussi partie des spécialités locales. Les fruits exotiques sont variés : mangues, papayes, ananas, naranjilla, banane déclinée sous toutes ses formes (plantain vert ou mûr, bolones, patacones, chifles...).

## Centre-ville ★★

Autour de la plaza San Francisco, Downtown Guayaquil rappelle fortement les villes américaines avec ses feux et ses noms de rue suspendus, son mélange de gratte-ciel et d'immeubles coloniaux, ses taxis jaunes et sa population cosmopolite. Ce quartier moderne renferme des sites touristiques et de beaux monuments architecturaux.

### CATEDRAL METROPOLITANA

Chimborazo y Clemente Ballén

La cathédrale est plus belle de l'extérieur qu'à l'intérieur. De style néogothique, elle offre un bel arrière-plan pour des photos du parc Seminario et de la statue de Simón Bolívar. L'abside de la cathédrale borde la piscine du Gran Hotel de sorte que les vitraux surplombent les baigneurs.

### IGLESIA DE LA MERCED

Victor Manuel Rendón y Pedro Carbo

L'église de la Merced date de 1927. Elle présentait les caractéristiques du style néogothique-byzantin. Autrefois l'église et sa façade étaient en bois. Aujourd'hui se trouve une imposante basilique en l'honneur de la Vierge, sainte patronne des Forces armées et de la côte équatorienne. L'architecture intérieure, moderne, est sans véritable surprise ; l'autel de style baroque est en revanche magnifique et les peintures et sculptures de l'époque coloniale, intéressantes.

GUAYAQUIL
vers le Terminal terrestre
Entrée depuis le nord
Sortie vers le nord
Avenida 5 NE (Pedro Menéndez Gilbert)
Jacinto M. de Butróm
Phare et Chapelle du Cerro Santa Ana
CERRO SANTA ANA
Cerro Santa Ana
Musée d'histoire des pompiers
Quartier de las Peñas
Plaza Colón
Santo Domingo
Monument du coeur sacré de Jésus
CERRO DEL CARMEN
Hôpital neurologique
Hôpital général
Musée d'Art contemporain
Entrée du tunnel vers le nord
Dôme IMAX
Marché artisanal Loja
9A Loja
Calle 9 NE (J. Montalyo)
Calle 8 NE
Calle 7 NE
Calle 56 NE
Call 5 NE
Calle 5 NE
Calle 4 NE
Malecón 2000
RIO GUAYAS
Ave 11 NE (Panama)
Ave 10 NE (Vicente Rocafuerte)
Ave 9 SE (Cordoba)
Avenida 8 NE (A. Baquerizo Moreno)
Ave 7 NE (Escobedo)
Ave 6 NE (Boyaca)
Avenida 5 NE (Ximena)
Ave 4 NE (Riobamba)
Ave 3 NE (Rumichaca)
Ave 3 NE (A. de Garaycoa)
Traversa 1 NE
Avenida 1 NE (P. Moncayo)
San Agustin
Ave. Quito
Ave 1 NO (Machala)
Avenida 2 NO
Avenida 3 NO
Avenida 4 NO
Avenida 5 NO (J. Mascote)
Avenida 6 NO
Ave 7 NO
Calle 8 NO
Calle 7 NO
Calle 6 NO
Calle 9 NO (J. Coronel)
Calle 10 NO (P. Menendez Gilbert)
Cimetière général
Calle Julian Coronel
Parc B. Calderon
Eje n°5 Luis Cordero
Ave 7 No (Ave. de las Americas)
Stade de Football
Colisé des Sports
vers Urdesa
Calle 9 NO (J. Kennedy)
Parc Mathilde Hidalgo
Parc E. Alfaro
San Gerna
Ave. 8 NO
Manuel Salenz
Dr. Fortunato Safadi Emen

# Guayaquil

Guayaquil
Musée
Curiosité
Palais municipal
Edifice religieux
Commerce & artisanat
Hôpital & centre médical
0
200 m
N
RIO GUAYAS
Estero Salado
Malécon del Salado
Plaza B. Moreno
La Merced
Croix rouge
Musée d'Art moderne
Alianza
Maison de la Culture
Plaza del Centenario
San Francisco
Plaza V. Rocafuerte
La Rotonda
Malécon 2000
Musée d'histoire maritime
Unicentro
Musée d'archéologie
Palais municipal
Cathédrale
Parc S. Bolivar
Tour de l'Horloge
Musée d'archéologie et d'histoire
Muelle Sucre
Nuestra Señora del Carmen
Parc de la Victoria
Bahia Malécon
Parc Juan Montalvo
San Alejo
Hôpital & maternité
Parc J. J. de Cémedo
San José
Palais de Crystal & Place de l'Intégration
Marché artisanal Malécon 2000
Avenida 3SO (Gracia Moreno)
Avenida 2 SO (José de Antepara)
Avenida 1 SO (Machala)
Bulevar 9 de octubre
Axe est/ouest
Avenida 1 SE (Pedro Moncayo)
Calle 2 SE (Seys de Marzo)
Calle 3 SE (Luque)
Calle 4 SE (Aguirre)
Calle 5 SE (Clemente Ballén)
Calle 6 SE (10 de Agosto)
Calle 7 SE (Sucre)
Call 8 SE (Colón)
Calle 9 SE (Alcedo)
Cjon 9SE (Campos)
Calle 11 SE (Ayacucho)
Calle 11 A SE (Franco Davila)
Calle 12 SE (Manabi)
Calle 13 SE (Huncavilca)
Calle 2 NE (Victor Manuel Rendón)
Call 1 NE (F. de Icaza)
Avenida 11 SO (Luzardo Garcia)
Avenida 10 SO (Tungurahua)
Avenida 9 SE (Carchi)
Ave 8 SO (Tulcan)
Ave. 7 SO (Los Rios)
Ave 6 SO (Esmeralda)
Ave 5 SO
Ave. 4 SO
Ave 3 SO
Ave. 2 SO
Aveinda 1 SO (Machala)
Avenida Quito
Axe Nord/sud
Ave. 1 SE (Pedro Moncayo)
Ave 1A SE (Pio Montúfari)
Avenida 2 SE
(6 de marzo)
Ave 3 SE
(Lorenzo de Garaycoa)
Avenida 4 SE (Rumichaca)
Avenida 5SE (Garcia Avilés)
Ave. 6 SE
Ave. 7 SE (Escobedor)
Ave 8 SE
Ave 9 SE (Chile)
Calle 9 SE (Chriroga)
Ave 10 SE (Pedro Carbo)
Avenida 11 SE (Pinchicha)
Avenida 11 SE (Villamil)
Avenida 12 SE (Malécon Simon Bolivar)
Bulevar José Joaquim de Olmedo
Calixto Romero
Tra. 5 SE
E. Alfaro
(Chimborazo)
Malécon 2000

## IGLESIA Y PLAZA DE SAN FRANCISCO

Av. 9 de Octubre y Rocafuerte

C'est la troisième église qui vit le jour à Guayaquil, sa fondation originelle date du début du XVIIe siècle. Elle fut reconstruite en1663, en même temps qu'un couvent qui fut dans un incendie quinze ans plus tard. Elle connut d'autres périodes de destruction et de reconstruction, notamment en 1681 avec l'arrivée des pirates et en 1687 à cause d'un incendie. Les franciscains entamèrent de nouveau sa construction en 1710. L'église actuelle date de 1932 et renferme des éléments de style classique, tant à l'intérieur qu'à l'extérieur. Elle présente une façade classique ornée de deux coupoles, et donne sur une grande place animée avec une grande fontaine, la plaza San Francisco. Au cœur du centre historique, elle est particulièrement fréquentée et du fait de la chaleur, ouverte sur la place y compris lors des offices.

*Cathédrale de Guayaquil.*

## MUSEO MUNICIPAL

Sucre, entre Chile et Pedro Carbo
✆ +593 4 259 9100
www.museodeguayaquil.com

Le musée de la ville de Guayaquil comporte autant de salles que d'époques retraçant l'histoire de la cité, de l'ère précolombienne de la région, qui fut la première à utiliser la céramique, aux grands hommes qui marquèrent le XXe siècle du nouveau Guayaquil en passant par la construction coloniale de la ville. Sur un mur du musée est par ailleurs inscrit le poème *La Perla del Pacífico*, du journaliste-poète Juan Batista Aguirre en l'honneur de Guayaquil.

## MUSEO NAHIM ISAIAS

Plaza de la Administración
Pichincha y Clemente Ballen 500
✆ +593 4 232 4282 /
+593 4 232 4283

Ce musée fut celui de l'ex-banque Filanbanco qui fit faillite. C'est l'un des plus beaux de la ville pour ceux qui apprécient les peintures religieuses. Sa collection d'art religieux colonial et républicain (environ 2 500 pièces) occupe désormais tout l'espace, avec des expositions temporaires rassemblant des œuvres du monde entier. Les collections (notamment celles de l'Ecole coloniale quiteña) se savourent dans une ambiance feutrée, au son d'une musique classique en harmonie avec les œuvres présentées. La collection d'archéologie autrefois exposée appartient désormais au fonds du MAAC.

### MUSEO DEL BANCO DEL PACIFICO

Ycaza 113 y Pichincha

Une très belle collection de céramiques, y compris des premières civilisations du pays, jusqu'au XIVe siècle. Les pièces, provenant des fouilles de Valdivia, Chorrera et Machalilla (3 500 à 200 av. J.-C.), sont très bien mises en valeur et les explications bien documentées. Au 3e étage, des expositions temporaires.

## Malecón 2000 ★★

Lasse de sa réputation de ville dangereuse, Guayaquil s'est résolument tournée vers le tourisme en développant le colossal projet du Malecón 2000. La promenade, aussi appelée Malecón Simón Bolívar ou Paseo de las Colonias, s'étend sur 3 km, elle est plantée d'amandiers et de palmiers. On longe ainsi les rives du fleuve Guayas (embarcadère pour le ferry vers Durán et nombreux bateaux-restaurants) jusqu'au pied de la colline Santa Ana où se trouve le quartier de Las Peñas. Désormais entièrement refait, joliment illuminé, ponctué de jardins exotiques, de fontaines, de parcs et jeux pour enfants, de bars et restaurants, d'un cinéma panoramique et d'un musée résolument moderne (MAAC), le Malecón est sous bonne garde et l'on peut s'y promener sans crainte. Le soir, elle attire une foule hétéroclite qui mêle familles, jeunes, couples, touristes et Guayaquileños. Le matin, ce sont les joggers qui l'investissent.

### MUSEO ANTROPOLÓGICO Y DE ARTE CONTEMPORÁNEO (MAAC)

Malecón 2000 y Loja

Subsector 7

Appartient à la Banque centrale de l'Equateur. Son architecture s'inspire d'une embarcation précolombienne de la côte équatorienne élaborée en balsa qui a participé à la naissance de la culture : la balsa manteña-huancavilca. Le musée dispose de 5 000 pièces archéologiques et d'une collection de 3 000 œuvres d'art moderne. Dans les immenses salles d'exposition chères aux musées d'Art contemporain, des expositions thématiques ouvertes à tous les supports se relaient d'une année sur l'autre.

▶ **Une salle de cinéma** arts et essais (Cine MAAC) et un théâtre (Teatro MAAC) font partie intégrante de ce complexe qui se veut aussi un espace de recherches pour les archéologues.

### PLAZA DE LA INTEGRACION

Sur cette place située à l'extrémité sud du Malecón, deux monuments notables : la plaza de las Banderas, qui réunit les drapeaux des vingt-deux provinces de l'Equateur et au centre celui du pays, et le Palacio de Cristal. Ce dernier situé sur les rives du fleuve Guayas est un ancien marché dont la structure, en fer apporté d'Italie, aurait été dessinée par les ingénieurs de Gustave Eiffel à Guayaquil. Il suffit de remonter à la fin des années 1990 pour imaginer le marché tel qu'il fonctionnait depuis neuf décennies : son intérieur était divisé en 200 petits stands recouverts de faux marbre débordant de poissons, fruits et légumes. Beaucoup de couleurs, beaucoup d'odeurs et peu d'hygiène dans une structure qui tombait en ruines. Aujourd'hui, le marché s'est transformé en palais. Sa structure de verre est désormais au service des œuvres d'art que l'on expose en son sein. Picasso, Rembrandt, Guayasamín figurent dans la liste des grands artistes qui ont eu cet honneur. Ne pas manquer le Palacio de Cristal illuminé, la nuit.

### PLAZA OLMEDO

Elle est située sur le Malecón Simón Bolívar, là même où est érigée la statue à l'effigie du poète José Joaquín de Olmedo, premier maire de la ville qui impulsa la révolution du 9 octobre 1820. C'est l'un des lieux les plus apréciés des touristes qui, en plus d'admirer la statue, viennent se promener sur l'esplanade.

## Las Peñas, Cerro Santa Ana et le nord ★★★

C'est ici même, sur le site que l'on appelait autrefois le Cerrito verde (la petite colline verte), qu'ont été posées les premières fondations de la ville, en 1547.

**Le Barrio Las Peñas**, quartier le plus ancien de Guayaquil, se situe sur sur les pentes de la colline Santa Ana, au pied du Cerro del Carmen, sur la rive du fleuve Guayas et à l'extrémité nord du Malecón. Las Peñas a abandonné sa mauvaise réputation pour faire peau neuve en même temps que le Malecón.

**Le Cerro Santa Ana.** En grimpant les marches numérotées (au nombre de 456 : leur numéro sert ici d'adresse), on arrive au sommet de la colline, là ou se dresse le phare de Guayaquil, récemment rénové, ainsi que la chapelle de Santa Ana, bâtie en l'honneur de la Vierge Marie. Depuis le mirador, on a d'un côté une vue splendide sur le Malecón et la ville, et de l'autre le fleuve qui s'étend au nord-est de la ville, avec ses grands ponts surchargés de voitures.

**Le Puerto Santa Ana**, au pied du Cerro Santa Ana, est en phase de devenir un vaste complexe de détente et de divertissements, pensé comme la promenade Coconut Grove de la ville de Miami : promenade, phare en verre, musée, installations nautiques, restaurants…

**Au nord** se trouvent Urdesa et Samborondón. Le premier quartier regorge de bars, cafés et restaurants sympathiques, où se retrouvent les habitants. Le second est une zone résidentielle, exclusive et « fermée » (*urbanizacion cerrada*), située à proximité de l'aéroport mais indépendante de Guayaquil. C'est en réalité une péninsule, blottie entre les rivières Babahoyo et Daule (d'où part le rio Guayas).

### BARRIO LAS PEÑAS

D'un point de vue historique, le Barrio Las Peñas est le plus important de Guayaquil. Il renferme de belles maisons centenaires. Chacune d'entre elles a sa propre histoire. Par exemple, c'est ici que vivait le célèbre musicien Antonio Neumane, ainsi qu'Alfredo Baquerizo Moreno, Eloy Alfaro, l'écrivain Enrique Gil Gilbert, l'historien Rafael Pino Roca, le peintre Manuel Rendón Seminario, Juan Montalvo... et même Ernesto Che Guevara. Au XVIIIe siècle, ce quartier abritait la classe moyenne moyenne de la population. Puis le grand incendie de 1896 a tout détruit et le quartier a été reconstruit selon son architecture originale au XXe siècle. En 1902, il a essuyé un autre incendie qui a détruit la ville. On pourra se balader du côté de l'étroite rue Pompilos, le long du fleuve.

### CERRO SANTA ANA

Cerro Santa Ana, Guayaquil
Au nord-est de la ville, près du fleuve Guayas et du traditionnel Barrio de Las Peñas.

Il couvre une superficie d'environ 13,50 ha, et connaît un développement de restructuration urbaine, sa population est estimée à 4 105 personnes. Le Cerro, anciennement appelé Cerrito Verde, est le site à partir duquel la ville a été fondée en 1547. Aujourd'hui, on y trouve des restaurants, cafés, galeries d'art et boutiques d'artisanat et son attrait principal est la vue qu'il offre sur la ville. Parmi les autres points d'intérêt, citons le Mirador el Fortín, point culminant del Cerro (la colline), où est construit le Faro (phare), ainsi que la Capilla (chapelle) de Santa Ana et le musée.

### ■ PARQUE HISTORICO GUAYAQUIL

Via Samborondón – Av. Centrale y av. Esmeraldas
A côté du quartier Entreríos
✆ +593 4 283 2958 /
+593 4 283 5356
www.parquehistoricoguayaquil.com
En périphérie de la ville ; s'y rendre en taxi ou bien avec le service de transport prenant les visiteurs à l'entrée du parking du MAAC, sur le Malecón 2000.
Le parc permet de découvrir la faune et la flore équatoriennes ; alligators, tapirs, singes, daims, oiseaux aquatiques et terrestres, etc. On suit un parcours sympathique le long d'une passerelle en bois surélevée : les animaux ne sont donc pas en cage, mais à l'air libre dans leur environnement naturel. L'idée était en effet de recréer leurs habitats naturels et la vie sauvage telle qu'elle était avant l'apparition de la ville. En outre, vétérinaires et biologiques travaillent à l'unisson pour sauvegarder des espèces endémiques en voie de disparition, en favorisant leur reproduction au sein du parc. Le deuxième volet de la visite est de nature purement historique : reconstitution de maisons coloniales à partir de matériaux récupérés sur quelques maisons d'époque (dont la plupart a disparu dans des incendies), maison rurale en canne à sucre (avec les animaux de la ferme) qui jouxte une hacienda. Dernière partie du parque histórico, une promenade ponctuée de petits jardins avec des thématiques : plantes médicinales, potagers avec les légumes de la côte, fleurs... Globalement, ce parc-musée est une vraie réussite, tant pédagogique qu'esthétique.

*Le quartier coloré de Las Peñas, l'une des attractions de Guayaquil au bout du Malecón.*

*Le Malecón s'illumine à la tombée de la nuit, Guayaquil.*

# CÔTE SUD

Dans les environs de Guayaquil, Salinas, bien que bétonnée, est une station très fréquentée par la population locale pendant les périodes de vacances scolaires et les week-ends. Au sud, la province d'El Oro va de Guayaquil à la frontière du Pérou. Quelque peu négligée dans les circuits touristiques, elle n'en est pas moins étonnante et présente une autre facette extrêmement riche du pays. Son économie est basée sur l'élevage des crevettes et la culture de la banane, qui pousse sur des exploitations à perte de vue. Sur la côte, la province offre une passionnante incursion dans des paysages de mangroves. À partir de Machala et de Puerto Bolívar, on rejoint l'archipel de Jambelí et l'île Santa Clara où les palétuviers sont rois. On y observe aussi les baleines et une faune similaire à celle des Galápagos avec ses fous à pattes bleues, frégates et otaries. Enfin, dans les terres, le bourg de Zaruma, avec ses maisons anciennes, est une plongée dans l'histoire de la ruée vers l'or avec un réseau de mines désaffectées que l'on peut visiter.

## Bosque Protector Cerro Blanco ★

A environ 15 km de Guayaquil en allant vers la côte. Cette forêt tropicale sèche de 3 490 ha renferme, entre autres, des arbres caducs qui perdent leurs feuilles à la saison sèche. C'est l'un des milieux naturels les plus menacés du monde. La fondation Pro Bosque administre ce bosque décrété protégé par l'Etat depuis 1999. Cette réserve ne concentre pas moins de 850 espèces végétales, 215 espèces d'oiseaux, 54 espèces de mammifères : tigrillo, singe-hurleur, puma, jaguar dans les hauteurs (le parc a une altitude de 100 m à 600 m), chauve-souris, raton-laveur (*osito lavador*)... Selon la saison, le bois est entièrement vert, conformément à l'idée que l'on se fait d'une forêt tropicale (de janvier à mai) ou complètement aride. Les arbres perdent leurs feuilles puis se mettent à fleurir en fin de saison (de juin à décembre). D'autres, comme les kapokiers, revêtent leur écorce de vert (chlorophylle) : dépourvus de leurs panneaux solaires que sont les feuilles, ils peuvent à nouveau effectuer la photosynthèse et respirer avec leur tronc ! Pour parcourir la zone protégée, des sentiers plus ou moins longs ont été aménagés (comptez 20 minutes et 1h30, 3h ou 5h). Il est vivement recommandé de contacter un guide de la réserve, faute de quoi on risque de ne pas voir l'intérêt de la visite. Possibilité de dormir sur place dans un chalet en bois ou de camper. Le Cerro Blanco travaille aussi en collaboration avec la communauté de Puerto Hondo, qu'il borde. Pour la somme de 10 US$ (prix fixe pour 1 à 8 personnes), un membre de la communauté peut vous emmener faire un tour en pirogue dans les mangroves, avec en prime des informations sur les espèces aperçues. Ces palétuviers qui poussent dans l'eau saumâtre représentent un écosystème unique, et sont le lieu de nidation de certains poissons marins ou l'habitat d'oiseaux rares. Aujourd'hui, il est gravement menacé, notamment par l'élevage intensif de crevettes, très répandu dans la région.

# Playas

À 97 km de Guayaquil ; environ 24 100 habitants. Playas est parfois nommée General Villamil. Depuis Guayaquil, le paysage traversé est verdoyant en hiver et, en été, très sec, hérissé de cactus et de ceibos aux troncs dodus. Cet arbre qui perd ses feuilles pendant la période de sécheresse fournit une sorte de coton utilisé dans la fabrication de matelas. Bordé par une immense plage de sable gris, Playas offre l'apparence d'un village de pêcheurs quelque peu délaissé. Des barques aux voiles de fortune, parfois barrées d'inscriptions publicitaires, reposent sur le sable dès le retour de la pêche, vers 16h. C'est alors que les parties de foot ou de volley animent la plage. Si en semaine c'est le calme total, le week-end, de nombreux Guayaquileños viennent se reposer à Playas. Pendant les grandes vacances (janvier), le village devient un cauchemar pour le touriste en quête de sérénité.

## Machala

À 176 km de Guayaquil, à 520 km au sud-ouest de Quito. La capitale de la province de El Oro est célèbre depuis l'époque de la colonie pour ses gisements aurifères. C'est aujourd'hui la principale région productrice de bananes et de crevettes. Son port maritime, Puerto Bolívar, permet l'exportation massive de l'or vert (bananes) et du cacao vers le nord et les autres continents. Machala fut fondée en 1824 : son architecture moderne et bétonnée ne lui confère aucun charme exotique, mis à part l'originale cathédrale trônant sur le Parque Central d'où s'érige, entre deux dômes bleus, une tour tranchant le ciel. En fait, la ville n'est qu'une étape sur la route de la côte Pacifique et de Guayaquil. Grouillante d'activité sous une chaleur moite, Machala est connue comme la capitale mondiale de la banane. Ce statut est proclamé par la statue ( !) d'un homme portant un régime de bananes, le bananero ; elle se trouve à un carrefour stratégique de la ville. Chaque année, début septembre, la Foire internationale de la banane se tient à Machala et un jury d'experts élit la reine mondiale de la banane parmi les beautés latines produites sur le sous-continent. La spécialité gastronomique de Machala, le tigrillo, est un plat de banane plantain servie avec des œufs, du fromage et des grillades de porc. Enfin, la production de cacao est un autre pilier de l'économie locale.

## Archipel de Jambelí ★

On va à Machala pour gagner l'île de Jambelí en bateau, ou pour faire une excursion autour de la Isla del Amor et observer ses palétuviers. Se renseigner au port pour plus de détails. Plus au large, la Isla Santa Clara est en train de devenir une destination touristique prisée. De juin à septembre, on y observe les baleines à bosse venant de l'Antarctique pour se reproduire. L'île abrite fous à pattes bleues, frégates, etc. Ce chapelet d'îlots est caractéristique de l'écosystème menacé de la côte : mangroves, tortues, crevettes sauvages, dauphins... Côté océan, l'île de Jambelí dévoile une longue plage de sable gris, et une forêt de palétuviers côté continent. Son chef-lieu, le village de Santa Rosa, vit exclusivement du tourisme. Entre restaurants, bars et discothèques, des maisons en bois sur pilotis sont alignées le long de la plage. Santa Rosa s'anime en fin de semaine. L'électricité n'est distribuée que le soir. Possibilités d'hébergement limitées, même si les structures sont en plein développement.

VISITE

**REPÉREZ LES MEILLEURES VISITES**

★ INTÉRESSANT ★★ REMARQUABLE ★★★ IMMANQUABLE ★★★★ INOUBLIABLE

## Bosque Petrificado de Puyango ★★

A l'extrémité ouest du pays. A 150 km de Loja, 110 km de Machala et 70 km de Huaquillas, à la frontière péruvienne. C'est probablement l'une des réserves de bois pétrifié (ou fossilisé) les plus importantes au monde. Le Bosque Petrificado de Puyango a été déclaré trésor appartenant au patrimoine national en 1988 et demeure depuis une zone protégée.

## Zaruma ★

Cette cité très espagnole – dont le nom en quichua signifie « tête de maïs » (*Sara* : maïs, *Uma* : tête) – s'accroche à 1 200 m d'altitude aux monts aurifères de la cordillère de Vizcaya, au sud-ouest de la province d'El Oro, créée en 1882. Elle compte aujourd'hui 9 630 habitants. Les vestiges du passé colonial ont presque complètement disparu lors du tremblement de terre de 1749 et les maisons anciennes furent bâties ultérieurement dans un style architectural vernaculaire, d'influence néoclassique. L'étonnante église centrale en bois fut, semblerait-il, construite selon les canons français. Zaruma est aujourd'hui un pittoresque et paisible petit village accueillant ou une halte salutaire. Le café pousse dans le canton, et même si l'or se fait désormais bien rare, une ancienne mine a été aménagée à des fins tourisitiques. La localité vit de l'agriculture (en particulier le sucre) et de l'élevage, grâce à une terre riche et diversifiée.

# RUTA DEL SOL ET CÔTE CENTRALE

En remontant vers le nord-ouest, entre Guayaquil et la province de Manabí, la Ruta del Sol (littéralement « la Route du Soleil ») nous dévoile les riches terres agricoles, les parcs nationaux et d'agréables stations balnéaires. Les paysages sont diversifiés : côtes et falaises découpées, plages isolées et mangroves, forêt tropicale humide ou sèche hérissée de cactus et de ceibos aux troncs dodus. Le climat y est agréable toute l'année, chaud et humide de décembre à mai, plus doux et sec le reste de l'année, mais souvent sous les nuages en juillet et août.

La Costa centrale, de Montañita à la Isla de la Plata, offre un panel mêlant longues plages et villages de pêcheurs, et notamment la réserve écologique de Machalilla avec sa faune et sa flore abondante et ses vestiges archéologiques. L'élégante Bahía de Caraquez se présente comme la ville écolo de la côte. De son côté, Montañita est devenue une halte « sea, surf and sun » où la fiesta bat son plein le soir venu. Les citadins quiteños ou guayaquileños viennent y vivre la dolce vita et fuir le stress et la pollution de la ville. Cette portion de la Costa est aussi le lieu de pèlerinage des baleines, qui migrent de l'Antarctique vers les eaux tropicales, et longent la côte de juin à septembre pour se reproduire.

## Salinas ★

À 150 km à l'ouest de Guayaquil. Environ 28 650 habitants. Fondée en 1918 par le commandant Villacres, Salinas a été construite le long d'une large baie de sable blond. Elle est devenue l'une des stations balnéaires les plus fréquentées du pays, surtout par les Equatoriens. Hélas, les maisons de bois aux couleurs vives ont cédé la place aux tours démesurées, le bord de mer est bétonné d'immeubles dont les hautes silhouettes se découpent dans le bleu du ciel. L'engouement local des promoteurs pour une architecture moderniste a donné à Salinas un air de station balnéaire sans charme... Salinas est très fréquentée pendant les vacances scolaires et les week-ends. En dehors de ces périodes, on peut s'y retrouver très seul. L'été est animé, la plage grouille de monde, on y pratique tous les sports nautiques, voile, planche à voile, pêche au gros. La nuit, bars et discothèques s'étirant le long du Malecón ne désemplissent pas. En été, les événements culturels majeurs de cette station sont les élections de Miss Etoile de Mer, de la Reine du Pacifique et de Miss Tourisme des Amériques. Ce n'est pas tout à fait Cannes, mais presque. Pour les étrangers, Salinas est le lieu d'observation des baleines à bosse qui, chaque année entre mi-juin et fin septembre, remontent de l'Antarctique pour atteindre des eaux tropicales, de l'Equateur au Costa Rica, afin de se reproduire. Elles repartent quatre mois après pour revenir l'année suivante donner naissance à la future génération (gestation de douze mois). Se trouvant à l'extrémité occidentale du sous-continent sud américain, Salinas constitue le parfait observatoire pour admirer ces mastodontes marins. Des agences proposent des sorties en mer pour tenter de les approcher. L'autre avantage de Salinas est qu'ici on ne doit pas s'acquitter d'une taxe d'entrée comme au parc national de Machalilla dans la province de Manabí. Il ne s'agit pas là d'un parc décrété national, même si les mesures nécessaires sont prises pour protéger les baleines à bosse qui nagent au large de la baie.

*Zaruma.*

## Valdivia ★

À environ 120 km de Guayaquil, à 7 km au sud de Manglaralto. Ce village est le berceau de la culture valdivia, l'une des plus anciennes du pays (de 3500 à 1500 av. J.-C.). Il y a 6 000 ans, les potiers de Valdivia faisaient preuve d'un sens artistique indéniable et possédaient déjà des techniques perfectionnées. Non loin de là, le site de Real Alto a révélé, lors de fouilles, des vestiges de la ville la plus ancienne de toute l'Amérique du Sud. Il semblerait qu'il y ait encore des objets de céramique à déterrer dans la région, mais les fouilles sont désormais interdites. Dans les alentours du village, de nombreux panneaux indiquent « antiguedades » (antiquités). Les céramiques que vous y trouverez, habilement présentées comme des pièces rares récemment découvertes après des travaux d'excavation, sont en fait fabriquées en série par des artisans locaux. Mais si toutefois une Vénus de Valdivia vous séduisait, n'hésitez pas : les prix sont quoi qu'il en soit bien inférieurs à ceux pratiqués à Quito.
La plage de Valdivia est une plage de sable gris bordée de petits restaurants, où l'on peut se rassasier et déguster des produits frais de la mer.

## Montañita ★★

Si Montañita brille au firmament des plages les plus cotées du pays, c'est parce que des connaisseurs l'ont identifiée comme l'un des meilleurs spots internationaux pour surfeurs de bon niveau. De décembre à avril, sa longue plage droite déroule un beach break d'environ 200 m sur fond de reef (débutants attention !). À cette période, l'eau est plus chaude et le vent quasiment absent. Des compétitions internationales et nationales de surf s'y déroulent en février. Le village de pêcheurs a troqué son calme et son architecture traditionnelle, contre une ambiance résolument touristique. Les hôtels, les restaurants et les bars ont poussé comme des champignons, dans un style très rustique et local, bois, bambou et toits de palme, confort souvent sommaire mais prix modiques. Les pris y sont plus modérés que ceux d'autres plages de la côte. La clientèle y est plutôt routarde, internationale, sportive et jeune. L'ambiance du village est conviviale, l'esprit de fête est partout présent. Les rues de terre ne portent pas encore de nom, et se transforment vite en bourbier en cas de pluie. Dès la nuit tombée, des petits étals d'artisanat en tout genre envahissent le village, le volume musical enfle, chaque bar y allant de sa sono pour attirer le client, les terrasses se remplissent. Attention toutefois, l'ambiance n'est plus aussi bon enfant que naguère et les dérives liées à un tourisme de masse festif apparaissent. Drogue, prostitution et agressions viennent désormais ternir la carte postale.

## Puerto López ★★

À 93 km de Manta, 195 km de Guayaquil et 635 km de Quito. Environ 18 530 habitants. En venant du sud, on découvre une vue grandiose sur la magnifique baie et le village de Puerto Lopez fondé en 1923. Tandis que les barques multicolores se balancent gaiement au mouillage, pélicans et frégates survolent les flots en quête de nourriture ou fondent sur les restes abandonnés par les pêcheurs qui vendent leurs prises chaque matin sur la plage. Des maisons traditionnelles en bois avec galerie bordent le Malecón. Quelques rues de terre remontent vers la route principale. Ici pas de stress, on vit paisiblement au rythme des marées… et des nombreuses fêtes de la ville. De prime abord Puerto Lopez ne semble pas forcément attirante, et pourtant les touristes ont du mal à la quitter. Cette ville empreinte d'authenticité, comparé à sa voisine Montañita, et bien plus tranquille que Manta, se révèle vraiment attachante. Ses habitants sont chaleureux, il y règne une douce atmosphère de vacances et on apprécie son dépaysement. La proximité du Parc national de Machalila draine les touristes, qui viennent ici observer les baleines à bosse entre juin et septembre, mais aussi découvrir la plage de Los Frailes et la Isla de la Plata, île protégée au large de Puerto Lopez et qui fait aussi partie du Parc national. Seule industrie de la ville, l'usine de poissons se repère facilement au panache noir qui se dégage de ses cheminées. Chaque matin, les pêcheurs reviennent de leur nuit en mer, et déchargent leur butin. Un spectacle à ne pas rater. Si vous souhaitez partir en mer de nuit, c'est possible : adressez-vous au chef de l'exploitation qui supervise chaque jour l'arrivée de ses pêcheurs, ou à un pêcheur sur la plage. En 2013, la zone de Puerto López (jusqu'à Ayampe) fut déclarée « Área Turística Protegida » (Aire Touristique Protégée) par le gouvernement. Cette zone englobe 15 200 ha (dont 770 ha de zone marine) et comprend le Parque Nacional Machalilla.

Le 24 septembre, le port honore la Vierge de Las Mercedes et le 8 décembre, la Vierge de La Inmaculada. La municipalité revêt alors ses plus beaux atours.

© PALOSVERDESBLUE - ISTOCKPHOTO

*Sur la plage de Montañita.*

## Parque Nacional Machalilla ★★

Depuis 1979, c'est l'un des rares endroits du pays où plages et forêts vierges se mêlent à l'histoire des civilisations précolombiennes. Le Parc national de Machalilla s'étend sur 55 000 hectares dans la province de Manabí, le long de la côte ouest, autour de Puerto Lopez. Fascinant, il possède l'une des plus grandes forêts tropicale sèche du monde et abrite une immense diversité végétale et animale. Et parmi eux, les primates carnivores (fourmiliers paresseux, pacas, agoutis, écureuils, singes…), oiseaux marins et terrestres (hérons, pélicans, albatros, frégates, hiboux…), reptiles, tortues terrestres et marines, serpents, lézards, et une multitude de poissons qui vivent dans les eaux du Pacifique, à la jonction du courant marin froid venant du nord (Humboldt) et du courant chaud venant du sud (El Niño).

Ces deux courants marins se rencontrent à cet endroit même, d'où l'existence de deux saisons distinctes : une saison sèche de juin à décembre et une saison pluvieuse de janvier à mai. Côté végétation, le parc renferme ficus, baumes, palmiers, cactus et vignes.
Par ailleurs, les sites archéologiques sont légion dans cette région (Salango, Agua Blanca) qui revêt une importance capitale dans l'histoire précolombienne de l'Equateur (culture Valdivia). Partie intégrante du Parc, la Isla de la Plata est l'un des plus beaux sanctuaires marins du pays (à l'exception des Galápagos) et le paradis d'espèces rares comme le fou à pattes bleus et à pattes rouges, la frégate, l'albatros. Autre zone insulaire à découvrir, l'île Salango. Enfin les magnifiques plages du Parc ne laissent aucun visiteur indifférent. Elles dévoilent de magnifiques étendues de sable blanc, gris et même noir. La plus connue étant la plage de Los Frailes.

### ■ ISLA DE LA PLATA

Au large de Puerto Lopez
Le parc national de Machalilla s'étend autour de Puerto López et comprend la Isla de la Plata (l'île de la Plata). Le pirate Francis Drake y cachait les butins volés aux galions espagnols au XVIe siècle, ce qui lui valut son nom. Certains prétendent que des trésors y seraient encore enfouis... Aujourd'hui, on peut y observer les baleines à bosse de juin à fin septembre (période de reproduction) et, toute l'année, y faire une excursion pour observer sa faune (frégates, fous à pattes bleues et rouges) et découvrir ses fonds marins peuplés de possons multicolores et de tortues marines. L'excursion, avec présence obligatoire d'un guide naturaliste, dure une journée (comptez au maximum 30 US$ par personne, incluant aller-retour en bateau, guide, déjeuner et collation, matériel de plongée, randonnée sur l'île et entrée du parc). Sur l'île, on peut emprunter deux chemins de randonnée différents (le sendero Punta Machete fait 3,5 km, l'autre, le sendero Punta Escaleras fait 5 km, compter entre 2 et 3h30 de marche) : il faudra choisir en fonction des oiseaux que vous voulez voir : fous à pattes bleues et à pattes rouges, frégates...
Celle que l'on nomme souvent – à tort – « les Galápagos du pauvre » est certes beaucoup plus accessible que l'archipel, dont l'entrée coûte 100 US$ par personne, mais sa faune et ses paysages, en revanche, sont nettement moins variés. Ceux qui connaissent l'archipel de Colon seront forcément déçus ! Mais une virée sur (et autour de) l'île vaut tout de même le coup. On s'y rend en bateau (comptez environ 3h aller-retour). De nombreuses agences proposent cette excursion. Vous pourrez aussi vous adresser à votre hôtel (au Sol Inn de Puerto López notamment).

## Montecristi

Fondée en 1741, Montecristí fut brièvement la capitale de la province de Manabí. Aujourd'hui, ce gros bourg qui s'alanguit sous le soleil, se résume à quelques rues de part et d'autre de la route reliant Guayaquil à Manta. La ville figure dans les livres d'histoire équatoriens pour être le lieu de naissance d'Eloy Alfaro, le premier président libéral de la jeune République. En fait, Montecristí est plus connue pour les chapeaux de paille toquilla, les célèbres Panamá qui ont couvert le chef de plus d'une illustre tête. Vous verrez d'habiles artisans les tresser sur place. Dans la rue montant jusqu'à l'église et la place centrale, les boutiques d'artisanat se succèdent, étalant sur les trottoirs leurs ouvrages de paille et d'osier (mobilier, paniers, chapeaux...). Le village a d'ailleurs donné son nom à une qualité de chapeau Panamá, très fin, le Montecristi, l'un des plus onéreux de tous les chapeaux de paille.

## Bahía de Caráquez ★

À environ 210 km de Guayaquil et 545 km de Quito. Environ 24 710 habitants. La villa de San Antonio de Caráquez (de son vrai nom) fut fondée en mars 1624. Aujourd'hui renommée Bahía de Caráquez (ou simplement « Bahía »), c'est l'une des stations balnéaires les plus convoitées du pays, une ville moderne sans véritable charme dont les immenses plages et la vie nocturne animée constituent les attraits principaux. Bahía se présente comme la deuxième « ecocity » du pays, après Loja. Pionnière dans le tri sélectif des ordures, le recyclage des déchets, le développement de ressources bio (élevages de crevettes par exemple), le développement de projets écotouristiques, la ville s'est refait une beauté depuis le tremblement de terre qui l'a sévèrement affectée en 1998.

Les infrastructures touristiques, restaurants et hôtels, y sont bien développées. L'artisanat (travail du corail notamment) et la pêche sont les autres activités dominantes. Bahía est un lieu de villégiature prisé des Serrano pendant leurs vacances. La haute saison comprend l'été et les fêtes de fin d'année. Le 24 septembre, tandis que la fête de Las Mercedes mobilise la population locale, les attractions foraines attirent les vacanciers.

### ■ ISLA CORAZON

A 8 km de Bahia de Caraquez.

Situé entre Bahía de Caráquez et San Vicente dans l'estuaire du río Chone, la Isla Corazón renferme un dédale de mangroves. Un sentier serpente à travers la mangrove. Cette visite est le fruit d'un projet écotouristique communautaire visant à informer les habitants et les visiteurs sur la biodiversité de cet endroit.

Vous serez accompagné d'un guide naturaliste. C'est aussi le sanctuaire de nombreux oiseaux que l'on peut observer du haut d'un mirador de plus de 20 m.

### ■ ISLAS FRAGATAS

Les cinq minuscules îlots abritent une impressionnante colonie de frégates, comme leur nom le laisse supposer. La meilleure période de visite s'étend entre août et décembre, période de l'accouplement et des rites nuptiaux. L'excursion dure 3 heures et inclut la randonnée jusqu'à un promontoire d'où l'on peut voir l'estuaire.

▶ **Les plages alentour de Crucita,** San Jacinto et San Clemente sont autant de haltes agréables, ponctuées de petits hôtels très convenables.

### ■ MUSEO BAHÍA DE CARÁQUEZ

Malecón Alberto F. Santos y Peña

✆ +593 5 269 0817

Voici un intéressant musée possédant une riche collection de pièces archéologiques datant de l'époque précolombienne.

Les objets ont appartenu à différents peuples autochtones qui auraient peuplé le nord de la province de Manabi. Egalement une modeste collection d'œuvres d'art.

## Chirije ★★

À 15 km de Bahia et à 3 km de San Clemente. Chirije (prononcez « chi-ri-hé ») abrite le parc écologique et archéologique le plus récent de la côte équatorienne. Créé en 1996, il comprend 238 ha de forêt tropicale sèche et des kilomètres de plages immaculées. La colline a abrité de nombreux peuples ancestraux durant l'époque précolombienne. Aujourd'hui, on peut y visiter un musée contenant des objets datant de l'époque colombienne.

### SITE ARCHÉOLOGIQUE DE CHIRIJE

A 15 km au sud de Bahia et à 3 km au nord de San Clemente.

Chirije est un site d'intérêt archéologique découvert par l'archéologue Emilio Estrada dans les années 1950. On y a déterré des vestiges de la culture Chirije. Autrefois, Chirije était un ancien port de la culture Bahia (entre 500 av. J.-C. et 500 apr. J.-C.). Du Mexique au Chili, les marchands échangeaient le fameux coquillage Spondylus – c'est pour cette raison que la Ruta del Sol est aussi appelée Ruta del Spondylu – contre de l'or, du cuivre et autres métaux précieux. On peut admirer sur ce site des vestiges – céramiques, pierres et coquillages - des cultures Bahia, Jama Coaque, Chirije et Manteña (de 500 av. J.-C. à 1534 apr. J.-C.). Sur un ancien site de fouilles, sur une colline, le musée Chirije présente quelques pièces intéressantes. Pour s'y rendre contacter Bahía Tours qui possède également un lodge sur place.

## Canoa ★★

À 18 km au nord de San Vicente. Canoa est une étape touristique à la mode, prisée par les surfers et les voyageurs en quête de tranquillité. Ces dernières années, Canoa a connu un essor grandissant en termes de popularité. Car ce typique village de pêcheurs s'affiche comme une alternative à la moderne et citadine Bahía de Caráquez et à la fêtarde Montañita. C'est une bourgade agréable où se déploie une jolie et longue belle plage de sable gris. Pendant la saison hivernale, c'est un spot apprécié des surfers, où les vagues sont tout de même moins spectaculaires qu'à Montañita. Non loin de là se trouvent les cavernes Las Aposentos que l'on visite à marée basse, en empruntant un sentier au pied de la falaise. On peut y observer les célèbres fous à pattes bleues, ainsi que des colonies de chauves-souris. Les offres d'hébergements y sont nombreuses et restaurants et bars sont propices aux rencontres.

# ESMERALDAS ET LA CÔTE NORD

La Costa, c'est enfin, au nord, la province d'Esmeraldas que l'on appelle aussi la Province Verte (*Provincia Verde*) et qui offre un visage radicalement différent, luxuriant, du fait d'une chaleur et d'une humidité permanentes. Esmeraldas est affairée, bruyante et vivante. L'héritage africain y est marqué, par sa population, sa cuisine tropicale, ses couleurs et fêtes comme le festival de Marimba.

Les stations balnéaires comme Atacames, Súa, Mompiche et Muisne sont autant des lieux de villégiature et de défoulement pour les Quiteños à la recherche d'un peu de douceur de vivre et d'air marin.

La côte nord
COLOMBIE
San Pedro
La Tola
San Lorenzo
Limones
Borbón
Lagarto
Rio Verde
Montalvo
Lagarto
Camarones
ESMERALDAS
Atacames
Same
Súa
San Miguel
Muisne
San Gregorio
Portete
Bolívar
Daule
Cojimies
Quinindé
Pedernales
uateur
Jama
Santo Domingo de los Colorados
El Carmen
vers Quito
Canoa
San Vicente
Bahía de Caráquez
Chone
San Clemente
Crucita
Manta
Rocafuerte
Montecristí
Quevedo
PORTOVIEJO
Puerto Cayo
Jipijapa
a de Plata
Machalilla
Puerto López
Parc national Machalilla
vers Guayaquil
La Libertad
Quito
0
50 Km
N

Si l'on arrive sur la Costa depuis Quito, on passera inévitablement par Santo Domingo de los Colorados, une ville-étape où vivent d'importantes communautés ancestrales, les Tsáchila, qui ont d'ailleurs donné leur nom à la ville.
Selon la légende, la province d'Esmeraldas doit son nom aux émeraudes que les Espagnols trouvèrent à leur arrivée en Equateur au XVI^e^ siècle. On l'appelle aussi la Province verte de l'Equateur à cause de la couleur tendre de sa végétation touffue couvrant ses collines et ses vallées.
Parmi les populations indigènes d'Esmeraldas, il faut citer la communauté des Cayapas (ou Chachis) qui compte environ 4 000 membres et peuplent la forêt tropicale protégée (*selva*), située à l'extrême nord de la côte, où coulent les fleuves Santiago et Cayapa. Grands artisans, il construisaient autrefois des pirogues, et vivaient de pêche et de chasse.
A présent, ils travaillent surtout comme ouvriers agricoles et tirent de très maigres ressources de leur artisanat. La réserve bio-anthropologique de la communauté Awa et la réserve Cotacachi-Cayapas, à l'est de la province, débordent sur la province voisine d'Imbabura. Et là aussi vivent les Chachis (mieux vaut s'y rendre depuis Ibarra).
La région compte la population noire la plus importante du pays, héritage des siècles d'esclavage. Selon l'histoire populaire, la présence des Noirs date d'un naufrage sur les côtes d'un bateau négrier transportant des esclaves. Cela a contribué, depuis le XVI^e^ siècle, à la naissance d'une culture unique, la culture afro-équatorienne, qui est célèbre pour ses traditions musicales. Cette culture s'exprime, entre autre, à travers le marimba, sorte de xylophone de bambou géant monté sur pieds, que les Cayapas manient avec brio. Le chamanisme, la médecine parallèle, la danse en sont autant de facettes... Ici, la nature est exubérante ; il semblerait que la chaleur ait contribué à forger une atmosphère locale joyeuse, plus désinvolte et plus chaleureuse que dans les autres régions du pays. Le climat tropical humide, avec une température moyenne de 25 °C sans grande variation tout au long de l'année, est tempéré par la brise venue de la mer. Les eaux du Pacifique sont tièdes et propices à la baignade (attention toutefois aux courants) de janvier à décembre, et les plages, parfois ombragées de palmiers, étirent à l'infini leur sable gris.

## San Lorenzo ★

À 165 km de Esmeraldas, 285 km de Quito et 583 km de Guayaquil. La route est longue jusqu'à San Lorenzo ! Depuis Ibarra, c'est une piste en mauvais état qui nous y conduit (5h de 4x4), une autre option consiste à prendre le bateau à la Tola, sur la côte au nord d'Esmeraldas (compter une journée de voyage jusqu'à Esmaraldas).
Le petit port de San Lorenzo vivote du transport de bois et de la fabrication de pirogues. Isolé du reste du pays en raison des moyens de communication peu développés, on a soudainement le sentiment d'avoir changé de continent à peine arrivé. San Lorenzo ne vit pas à l'heure de la mondialisation et tout concourt à cette impression d'un voyage express dans l'espace

et dans le temps : l'architecture des baraques de bois sur pilotis souvent bancales, surplombant une rivière aux eaux saumâtres ; les rues de terre défoncées, transformées en bourbier aux premières pluies ; la chaleur parfois suffocante, et un certain laisser-aller ambiant.
Mais pourtant, San Lorenzo offre une atmosphère intéressante, singulière et nous dévoile encore une autre facette du pays. Pour ces raisons, San Lorenzo mérite vraiment une visite. Ceux qui font route vers la Colombie y passeront à coup sûr !
À noter que la région est infestée de moustiques et que le paludisme y est présent.

## Esmeraldas

318 km au nord-ouest de Quito. Fondée en 1526, la grande ville d'Esmeraldas, capitale de la province, compte environ 130 000 habitants, et la province du même nom dont elle est le chef-lieu, 430 000. Affairée, bruyante et vivante, colorée, elle est gouailleuse comme seules savent l'être les villes des côtes tropicales.
La ville compte deux universités, un port actif et une zone franche. Cependant, Esmeraladas offre en elle-même peu d'intérêt pour le visiteur. On recommande de ne pas y circuler à pied dès la tombée de la nuit, les agressions y étant fréquentes.
Le 21 septembre, la ville célèbre sa fondation avec force démonstrations. Cette fête est renommée dans tout le pays pour son ambiance très chaude. La célébration de l'indépendance de la ville, le 5 août, donne lieu à une fête tout aussi endiablée.

### ■ MARCHÉ

Tous les jours, le long du Malecón et dans les rues adjacentes, se tient un marché haut en couleur, attirant une foule immense. Dans une ambiance matinale afro-équatorienne qui rappelle les Caraïbes, on y déniche profusion de poissons fraîchement pêchés, fruits tropicaux multicolores et légumes bigarrés. Dans de sombres échoppes aux étals étranges, vous trouverez des plantes médicinales et des mélanges mystérieux qui assurent bonheur, chance, amour, amitié et argent, ou plus prosaïquement qui chassent les effets de la gueule de bois ; la recette s'appelle les « tripes du Diable ». Il s'agit de se procurer un morceau d'écorce de sang de dragon dont la sève rouge suinte et guérit (presque) tous les maux.

## Tonsupa ★

À 26 km au sud-ouest d'Esmeraldas (45 minutes en bus) et à 5 km d'Atacames. Cette petite station offre des plages de sable fin d'autant plus agréables qu'elles sont moins fréquentées que celles d'Atacames. C'est avant tout un lieu de villégiature qui s'anime en période de vacances scolaires et les week-ends (au mois de décembre et pendant la Semaine sainte). Depuis peu, le village est devenu la proie des promoteurs immobiliers et les infrastructures poussent (malheureusement) comme des champignons. Vous trouverez sans problème hôtels, hosteles, bungalows, posadas, cafés et restaurants. C'est surtout une destination familiale appréciée des Équatoriens, et un spot d'observation des baleines entre fin juin/début juillet et septembre.

*La belle plage d'Atacames sur la côte Pacifique.*

## Atacames ★

À environ 30 km d'Esmeraldas et 320 km de Quito. Ce petit port de pêche fondé en 1832 est devenu le Juan-les-Pins local. Ici le climat tropical permet de profiter des joies de la plage tout au long de l'année, même si de juin à septembre – pendant la période hivernale – le ciel est parfois couvert (température moyenne de 24 °C). Son immense plage de sable gris s'étend sur 4 km et a vu naitre une concentration d'hôtels, de restaurants et de lieux nocturnes. En haute saison (de juillet à mi-septembre, entre Noël et le jour de l'an, en février au moment du Carnaval et à Pâques), la fête bat son plein tout la nuit, jusqu'au petit matin et on y consomme du Cocoloco, un cocktail local. Atacamès attire à la fois les Equatoriens venus faire la fête pendant leur week-end ou vacances, ainsi que les étrangers. Le restant de l'année, Atacamès est très calme. Beaucoup d'adresses n'ouvrent seulement qu'en saison.

La journée, on bronze, on profite des plaisirs de la plage dans une ambiance tropicale, mais qui n'a rien de typiquement équatorien. Atacames s'étire le long du Malecón (front de mer) et compte quelques rues perpendiculaires à la plage ; il est facile de se repérer. L'animation est concentrée sur le Malecón. Comme beaucoup de lieux touristiques, Atacames connaît son lot d'agressions. Au risque de décevoir les romantiques, la nuit il est préférable d'éviter les endroits non éclairés et à l'écart de la plage. Dans les bars, ne jamais accepter un verre offert par un inconnu. L'artisanat local comprend des bijoux de corail noir et rouge, ou fabriqués avec l'écorce de noix de coco. Les villages côtiers environnants, plus calmes et plus authentiques comme Sua, Same ou Mompiche, méritent une visite.

## Súa ★★

À quelques kilomètres d'Atacames, après avoir dépassé le Peñon del Suicida (ou « Rocher du suicide »), extraordinaire belvédère naturel d'une centaine de mètres de haut plongeant dans l'océan, on atteint le petit village de pêcheurs de Súa. Il s'étire le long d'une plage de sable clair aux eaux tranquilles. A marée basse, on peut se promener au pied de la falaise entre Acatames et Súa. L'activité principale de Súa est la pêche. Le tourisme s'y développe rapidement, mais Súa assure aux vacanciers en quête de calme un séjour authentique et paisible : ni vie nocturne agitée (sauf en fin de semaine), ni de bar bruyant, ni sollicitation permanente du visiteur. Les bateaux colorés se reposent sur la plage entre deux sorties en mer. La langueur pacifique est de rigueur. De toutes les stations balnéaires de la province, c'est l'une de nos favorites ; frégates et pélicans aussi y ont élu domicile, en nombre.

## Same ★★

À 7 km au sud-ouest de Súa et à 9 km d'Atacames. Same possède une très longue plage bordée de palmiers, mais n'a pas le charme de ses voisines. Le village est quasi inexistant et de grands immeubles d'appartements haut de gamme dénaturent le paysage (Casablanca se trouve juste à côté). Les Equatoriens aisés ont jeté leur dévolu sur ce village et envahissent la plage durant les périodes de vacances scolaires (en décembre et janvier, notamment).

## Mompiche ★★★

Environ 24 050 habitants. Mompiche est un petit village de pêcheurs, très appréciés par les surfeurs et les voyageurs solitaires qui sillonnent le pays, leur sac sur le dos. Niché dans une baie abritée, ce vilage où il fait bon vivre a de plus en plus la cote, et attire donc de nombreux touristes en haute saison. Là encore, les hébergements sont basiques, parfois même sommaires, et la plupart sont des bungalows en bordure de plage. Sa longue plage de sable noir s'étend sur 7 km.

▶ **À noter :** pour surfer, la meilleure période s'étend entre novembre et fin février (les meilleures vagues étant généralement au mois de décembre). Hors saison, le village est très, très calme.

© CAMILLE RENEVOT

*Des enfants jouent sur la plage d'Atacames sur la côte Pacifique.*

# LES GALÁPAGOS

*Il y a 10 millions d'années, les volcans en éruption ont créé le surprenant archipel de Colón, plus connu sous le nom de Galápagos, surnommé le « paradis de l'évolution » par Charles Darwin, et « dernier sanctuaire de la vie naturelle » par Jacques-Yves Cousteau. Ce groupe de 13 îles (d'une surface supérieure à 10 km²), 17 îlots et 47 récifs disséminés sur une surface terrestre de 8 000 km², et une surface marine de 70 000 km² dans l'océan Pacifique, constitue un monde à part, traversé par la ligne équatoriale à quelques 1 000 km à l'ouest des côtes équatoriennes. La longueur totale des côtes est de 1 336 km et le point le plus élevé de l'archipel, le volcan Wolf, culmine à 1 707 m. L'archipel est un point chaud de la terre, c'est-à-dire une zone de fragilité de la croûte océanographique sous-marine, et l'activité volcanique intense donne lieu à des éruptions quasiment annuelles. On ne compte pas moins de 2 000 cratères dans l'archipel. Chacune des îles est en réalité le sommet d'un volcan immergé et offre un paysage lunaire. Préservé de la vie continentale, l'archipel est un coin du monde à nul autre pareil, où la nature réserve les plus belles surprises. Ce n'est pas pour rien qu'il fut le premier site inscrit au patrimoine mondial de l'UNESCO en 1978.*

**L'entrée du parc.** Pour les étrangers, le droit d'entrée au Parc national des Galápagos s'élève à 100 US$ par personne (payable en espèces uniquement), auxquels s'ajoutent 10 US$ de taxes d'aéroport (à payer au départ). Par ailleurs, comptez de 400 à 500 US$ pour un vol aller-retour depuis Quito ou Guayaquil, et de 500 à 1 000 US$ par personne pour une croisière en bateau de 4 jours.

Cette politique de prix permet notamment de réguler les entrées et, ainsi, de protéger l'écosystème... Contrairement aux idées reçues, un séjour sur place n'est pas réservé qu'aux plus fortunés, les îles abritent aussi des hébergements et des restaurants bon marché. Et sachez que vous vivrez une expérience unique et inoubliable qui compensera largement le coût élevé de votre séjour.

## SANTA CRUZ – INDEFATIGABLE

L'île se trouve au centre de l'archipel. Ses côtes offrent de superbes plages et baies où vivent paisiblement tortues et oiseaux marins.

Elle renferme sept zones de végétation distinctes et de nombreux territoires propices à la croissance des tortues.

### Puerto Ayora ★★★

Située au sud de l'île, Puerto Ayora est la ville principale de Santa Cruz. C'est aussi la ville la plus peuplée de l'archipel (12 000 habitants), mais aussi la plus développée. Ses habitants vivent du tourisme, de la pêche, du commerce et de l'agriculture.

Galápagos
PINTA
Cabo Ibbetson
MARCHENA
Playa Negra
Punta Espejo
Punta Calle
GENOVESA
Bahia Darwin
Galapagos
Equateur
AMERIQUE DU SUD
o°o'o"
0
60 km
N
Roca Redonda
Punta Albemarle
Punta Flores
Cabo Berkeley
Punta Vicente Roca
Bahia Banks
Cabo Marshall
Volcan Wolf
Volcan Darwin
Caleta Tagus
Canal Bolivar
Cabo Douglas
FERNANDINA
Volcan La Cumbre
Bahia Urbina
Volcan Alcedo
Punta Garcia
Bahia Elizabeth
Punta Morena
Caleta Webb
Punta San Juan
Caleta Iguana
Punta Essex
Cabo Rosa
ISABELA
Volcan Sierra Negra
Volcan Cerro Azul
Pto. Villamil
Tortuga
los 4 hermanos
Albany
Bahia James
Punta Baquerizo
SAN SALVADOR
Cabo Nepean
Bahia Sullivan
Bartolome
Rocas Bainbridge
Rabida
Beagle
Daphne
North Seymour
Mosquera
Baltra
Guy Fawkes
PINZON
Plaza
Los Gemelos
SANTA CRUZ
Bahia Academia
Bahia Tortuga
Pto. Ayora
SANTA FE
SAN CRISTOBAL
Bahia Hobbs
Punta Pitt
Punta Dedo
Punta Bassa
Bahia Wreek
Bahia Rosa Blanca
Pto. Baquerizo Moreno
Bahia Agua Dulce
Punta Cormoran
Bahia del Correo
SANTA MARIA
Champion
Enderby
Punta Sur
Punta Suarez
Gardner
Bahia Gardner
ESPAÑOLA

L'avenue principale, Avenida Charles Darwin, part du dock de Puerto Ayora et se termine à la station de recherche Charles Darwin. Vous trouverez sur cette île des banques, des hôtels et hostels, des restaurants, des magasins de vêtements, des superettes, des magasins de souvenirs, des bars et des discothèques.

### ■ RESERVA EL CHATO

Partie haute de l'île (parte alta).
Prendre un bus jusqu'à Santa Rosa et de là, prendre un taxi ou marcher (5 km).

On observe dans cette réserve des tortues dans leur environnement naturel, en totale liberté. L'endroit, spécialement conçu pour les touristes (restaurant et bar attendent les visiteurs !) permet de voir des tortues, mais ce n'est pas le site le plus intéressant.

### ■ STATION DARWIN

A 1,5 km de Puerto Ayora (à l'est d'Academia Bay)
✆ +593 5 252 6146 /
+593 5 252 6147
www.darwinfoundation.org

Bénéficiant de fonds de l'Unesco et du gouvernement équatorien, la construction de la fondation a débuté en 1960 et elle fut inaugurée officiellement en 1964. Ses principales fonctions sont l'information scientifique, la conservation des espèces marines et végétales, des reptiles et oiseaux, le développement de programmes éducatifs, de développement agricole et d'utilisation des ressources locales, la formation d'étudiants équatoriens et de guides naturalistes pour le parc. Les salles d'exposition fournissent de nombreuses explications sur les îles. Dans le centre d'élevage et les parcs, vous découvrirez les plus grosses tortues du monde, dont la fameuse tortue Galápagos, dont il ne reste aujourd'hui que 15 000 individus. Un programme de protection et d'élevage de la race se poursuit à la station Darwin : les œufs récoltés dans les différentes îles y sont incubés et les jeunes tortues y sont élevées jusqu'à l'âge de 4 ans. Elles sont ensuite ramenées sur leur île d'origine. Vous verrez aussi des colonies d'iguanes. Il est préférable de faire la visite avec un guide.

*Tortue terrestre dorlotée au Centre Darwin sur Santa Cruz.*

Santa Cruz
OCEAN PACIFIQUE
TORTUGA BAY
Stade
Marché Feria Libre
Marché municipal
Office du Tourisme
Centre d'élevage de tortues
Informations sur les tortues
Mairie
Police
Capitainerie
Hôpital
Poste
Laguna las Ninfas
vers Playa de los Alemanes et las salina
Karl Angermeyer
Juan Léon Mera
José J de Olmedo
Petrel
Fragata
Saclecia
Daphné
Seymour
Marchena
Adolfo Hanny
Isla Floreana
Cucuve
18 de Febrero
San Cristobal
San cristobal
Isla Duncan
Genovesa
Bartolomé
Isla Isabella
Roberto Schiess
Espanola
General Rodriguez Lara
Avenida Baitra
Lobo Marino
Albatros
Barrington
Indefatigable
Juan Montalvo
10 de Marzo
Islas Plaza
Charles Dinford
Av. Charles Darwin
12 Febrero
Calle de los Kioscos
Av. Baitra
Berlanga
Ninfas
Moises Brito
0
200 m
Hôpital
Administration et divers

© STÉPHANE SAVIGNARD

*Les iguanes marins se confondent avec la roche volcanique de Santiago.*

© STÉPHANE SAVIGNARD

*Randonnée sur les champs de lave de Santiago.*

## SANTIAGO - JAMES ★★

Altitude 900 m. C'est une île centrale de l'archipel située entre Santa Cruz et Isabela, et la 4e en terme de superficie (585 km²). Appelée aussi isla Saint-James ou Santiago, elle est inhabitée, mais quelques brèves tentatives de colonisation au siècle dernier ont laissé sur l'île de nombreuses espèces animales domestiques. Ces animaux introduits par l'homme (rats, chèvres, ânes, cochons) sont la cause d'une bonne partie de la disparition de la faune et de la flore locales. Le courant froid de Humboldt longe sa côte ouest. C'est pourquoi les principales colonies de l'île sont celles des otaries à fourrure. De nombreux flamants roses se sont établis autour du lac Flamingo. L'île est couverte dans ses hauteurs d'une végétation abondante, ses côtes sont formées par les coulées de lave de ses deux volcans. La baie Sullivan, la plage Espumilla, Calate Bucanero et Puerto Egas sont les plus jolis coins de l'île. Vous pourrez la visiter le temps d'une excursion d'une journée ou lors d'une croisière.



## BARTOLOMÉ ★★★

La visite de cette île, l'une des plus petites de l'archipel (environ 1 km²), est à combiner, si possible, avec celle de la baie Sullivan de l'île Santiago. C'est l'une des plus spectaculaires de l'archipel ; elle est totalement dépourvue de végétation (à part quelques touffes d'herbe) et offre un paysage lunaire totalement irréel où coulées de lave et étendues poussiéreuses forment un désert rougeâtre. Un sentier mène au sommet du volcan, où un mirador naturel offre un panorama incroyable sur les îles, d'ailleurs immortalisé sur carte postale et dans le film *Master and Commander*. Deux criques de sable blanc, cernées par une mer translucide, s'opposent. Elles sont reliées par un étroit chenal de terre au bout duquel, tel un phare dans la baie, trône un grand rocher pointu, le Pinnacle Rock. Ses cratères gris, aujourd'hui éteints, lui confère un charme particulier. Sa flore est composée essentiellement de palétuviers rouges et de cactus. Bartolomé est peuplée par une colonie de pingouins et des lézards des laves gris. Les bancs de requins qui patrouillent le long de ses plages peuvent refroidir les ardeurs des prétendants à la baignade.

*Observation des oiseaux sur l'île Bartolomé.*

© JESS KRAFT – SHUTTERSTOCK.COM

*Bartolomé.*

# SAN CRISTOBAL - CHATHAM

558 km². Population : environ 6 500 habitants. Point culminant : le Cerro San Joaquín, à 759 m. Ville principale : Puerto Baquerizo Moreno. Cette petite île, très ancienne, est la plus orientale de l'archipel et sa ville principale, Puerto Baquerizo Moreno est la capitale administrative. Elle est habitée depuis une centaine d'années et son développement touristique est né en 1986 avec l'ouverture de son aéroport. Sa particularité réside dans le fait qu'elle possède une lagune d'eau douce dans le cratère de El Junco (650 m) qui permet d'alimenter la ville.

Dans sa partie basse (60 m d'altitude moyenne), l'île possède de belles plages : Puerto Chino, Playa Ochoa, Playa Punta Carola, Playa Mann et Punta Pitt, notamment. La partie ouest possède un volcan, le San Joaquín, qui culmine à 700 m. L'île est peuplée d'otaries et d'oiseaux ; quelques espèces endémiques y vivent telles le moqueur et le lézard des laves. Depuis les premiers débarquements de pirates ou de baleiniers au XVII^e^ siècle, l'agriculture s'est développée à San Cristóbal : orchis, canne à sucre, ainsi que la pêche. Aujourd'hui, ces pôles d'activités occupent toujours de nombreux colons. Sans oublier le tourisme, évidemment !

## Puerto Baquerizo Moreno ★★

L'île de San Cristóbal est la 2^e^ base navale de la marine équatorienne, et Puerto Baquerizo Moreno, la capitale, est le centre administratif des Galápagos ; le port s'abrite dans l'anse de Wreck Bay, la «baie du naufrage». De nombreux habitants de Quito ou de Guayaquil ont fuit la ville et sont venus s'établir ici, au bout du monde, pour vivre en harmonie avec la nature, à un rythme insulaire. Les rues portent de jolis noms d'oiseaux des Galápagos. L'alimentation en énergie s'interrompt de 0h à 6h, c'est dire si la vie nocturne y est réduite.

### ■ ISLA LOBOS

Au large de la côte ouest
de San Cristobal
Pour se rendre sur cette île habitée par des colonies d'otaries et de fous à pattes bleues, il faut louer les services d'une agence locale. Comptez 1 heure de bateau environ. A signaler : de beaux paysages et une lumière exceptionnelle en fin de journée. N'oubliez pas votre appareil photo.

### ■ MUSÉE D'HISTOIRE NATURELLE

Qualifier de musée cette petite bicoque est bien présomptueux. Le lieu témoigne néanmoins de la volonté de la municipalité de participer à l'effort collectif pour mieux faire connaître et comprendre les Galápagos. On y verra une petite exposition d'animaux naturalisés, de coquillages, d'algues et d'insectes des îles. Pepe, une tortue terrestre d'une soixantaine d'années, est la mascotte de l'endroit.



# ISABELA - ALBEMARLE

4 640 km². Altitude 1 700 m. Population : près de 2 200 habitants. Formée par six volcans principaux, dont cinq sont encore actifs, cette île (anciennement appelée Albemarle ou Santa Gertrudis) est la plus vaste des Galápagos, mais l'une des moins développées. Elle s'étend sur 132 km de long et 84 km de large et représente à elle seule 58 % de la superficie de l'archipel. Elle se divise en une partie Sud et une partie Nord, séparées l'une de l'autre par un étroit isthme de lave. Le point culminant est le volcan Wolf du haut de ses 1 707 m.

A l'image de l'Equateur continental, l'île possède son avenue des Volcans avec les volcans Alcedo (1 097 m), Cerro Azul (1 640 m, la dernière éruption remonte à 2008), Darwin (1 300 m), Ecuador (790 m, inactif), Sierra Negra (1 124 m) et Wolf (1 710 m).

L'île abrite la plus importante colonie de tortues géantes Galápagos, soit environ 4 000 individus, plutôt difficiles à croiser malgré leur taille imposante. Ses habitants se dédient principalement à la pêche et au tourisme, qui se développe beaucoup ces dernières années. Isabela est une île très agréable où il fait bon vivre. En général, c'est même la favorite des visiteurs !

## Puerto Villamil ★★★

Paisible village de pêcheurs fondé à la fin du XIXe siècle, Puerto Villamil est le seul coin habité de l'île, c'est donc son centre administratif. Le tourisme s'y développe, mais Puerto Villamil présente encore aujourd'hui le visage d'une bourgade typique préservée. Sa plage principale est longue avec du sable blanc et des eaux très claires. On s'y déplace à pied ou à vélo.

### ■ VOLCAN ALCEDO

Au centre de Isabela
Le volcan Alcedo (1 000 m) est accessible depuis la côte est de l'île. Un sentier mène à travers les épineux jusqu'au bord du cratère ; prévoir 4 heures de marche. C'est dans ce cratère de 7 km² que se concentre la plus importante colonie de tortues terrestres de l'archipel (plus de 4 000).

Possibilité de camper sur l'arête du volcan ; les feux sont interdits. Prévoir de l'eau potable.

**VOLCAN SIERRA NEGRA**

A 1 370 m d'altitude, le Sierra Negra possède un cratère de 10 km², un des plus larges du monde, qui constitue la principale attraction de l'île. On y accède depuis le village de Tomás de Berlanga par un chemin de terre de 9 km. Le chemin est le même à l'aller et au retour, dommage. Depuis le cratère, on peut aussi continuer vers les volcans Chico (8 km) ou Azufre (10 km). Possibilité de louer du matériel de camping au village, attention toutefois aux brumes et aux pluies fréquentes. Prévoir de l'eau potable. On vous proposera également de faire l'ascension à cheval ; vérifiez toutefois que l'animal est en bonne santé, car des voyageurs ont signalé la faiblesse de certains chevaux.

**MUR DES LARMES**

Près de Puerto Villamil

Entre 1946 et 1959, il existait sur l'île une colonie pénitentiaire. Comme punition, les prisonniers devaient construire un mur de pierres volcaniques, de 100 m de long et 7 m de haut. En grimpant quelques marches vous aurez une vue panoramique du mur.

## FERNANDINA - NARBOROUGH ★★★

642 km². Altitude 1 490 m. Inhabitée. Egalement appelée Narborough, c'est la 3e île de l'archipel par la surface et l'une des plus jeunes. C'est aussi la plus occidentale des îles et la plus proche de l'île Isabela (habitée). Elles sont séparées par le canal Bolívar. Fernandina a la particularité de posséder l'un des volcans les plus actifs de la planète, le volcan La Cumbre (1 463 m) qui domine l'île. En 2009, une forte éruption a détérioré la faune locale. Les lacs de son cratère de 6 km de large disparaissent au gré des éruptions fréquentes ces vingt dernières années. Ses champs de lave sont spectaculaires et des colonies d'iguanes vivent là, sur les rochers noirs.

L'île renferme une végétation aride, composée d'épineux et de cactus. Peu visitée, Fernandina est accessible en bateau ; excursion d'une journée au départ d'Isabela ou lors d'une croisière dans l'archipel.

## ESPAÑOLA - HOOD ★★★

60 km². Altitude 200 m. Inhabitée. Cette île (appelée aussi Hood) se situe à l'extrême sud-est de l'archipel. C'est l'une des plus anciennes et son origine remonterait approximativement à 4 millions d'années. Beaucoup la considèrent comme l'île la plus intéressante. Elle abrite d'importantes colonies d'oiseaux marins. C'est la seule île au monde où se reproduisent les albatros. Une végétation basse composée en majorité d'épineux recouvre l'intérieur de l'île tandis que les rochers et les plages de galets forment la partie côtière. On y accède en accostant sur une plage par le côté nord, à Punta Suárez. Ensuite un sentier d'environ 3 km permet de découvrir les oiseaux : fous à pattes bleues et albatros (d'avril à novembre), faucons, oiseaux moqueurs, pinsons des

Galápagos… Prévoir de bonnes chaussures de marche car la majeure partie du circuit se fait sur des rochers. Autre site d'intérêt de l'île : la baie Gardner et les îles alentour du même nom où l'on peut faire de la plongée sous-marine.

## FLOREANA – SANTA MARÍA

173 km². Altitude 640 m (point culminant : Cerro Pajas). Population : environ 150 habitants. Cette île, aussi appelée Santa María (du nom d'une des caravelles de Colomb) ou isla Charles, est d'un grand intérêt d'un point de vue botanique. Les espèces sont variées et sa végétation lui confère l'aspect d'un paradis tropical.

Dans la première moitié du XXe siècle, cette île, la plus méridionale de l'archipel – elle se trouve à 4 heures de bateau de Santa Cruz – a connu une histoire mouvementée digne d'un roman d'aventure avec, pour trame, espionnage et homicides. Dans les années 1930, une baronne de la famille Wittmer (qui vit toujours dans l'île) est venue s'installer ici avec ses amants avant d'être portée disparue.

On aperçoit sur Floreana la première boîte aux lettres des Galápagos, un tonneau placé au XVIIIe siècle à Post Office Bay par les baleiniers. Les marins de passage y déposaient/prenaient le courrier. Depuis, symboliquement, la tradition se perpétue et vous pourrez, vous aussi, déposer vos cartes postales dans le tonneau ! La tradition veut qu'en y déposant une carte vous en piochez une autre que vous posterez une fois votre retour. Quand recevrez-vous la vôtre ?

Lagunes et flamants roses sont les principales curiosités. Puerto Velasco Ibarra, un village sur la côte ouest, est l'endroit habité de l'île. Il y a depuis peu quelques infrastructures sur place. Mais ce sera certainement en bateau de croisière que vous l'aborderez. En général, la découverte commence de Punta Cormorán, au nord de l'île.

▶ **Pour en savoir plus sur le passé de l'île**, nous vous conseillons de lire *Floreana, Lista de Correos* de M. Wittmer. Dans ce récit, la plus vieille habitante de l'île relate les curieux événements qui l'ont placée sur le devant de la scène médiatique. Ainsi que *La Isla de los Gatos Negros* qui offre une autre version des mêmes événements.

*Frégate et son petit sur l'île de Genovesa.*

# GENOVESA - TOWER ★★★

14 km². Altitude 75 m. Inhabitée. Appelée aussi Dowes of Tower, elle a la forme d'un sabot de cheval, c'est la plus visitée des îles nordiques de l'archipel. Elle est la moins accidentée et la plus basse des Galápagos. Formée par l'ancien cratère d'un volcan, elle est aujourd'hui en partie inondée. Le lac salé Arcturus se déploie en son centre. La faune y est abondante, mais cette île est surtout connue comme l'île des oiseaux par excellence. On y observe les espèces les plus rares : fous masqués, frégates et fous à pattes rouges, dont c'est l'un des rares endroits de nidification...

De type aride, la végétation est essentiellement composée d'épineux. L'accès se fait lors d'une navigation dans cette partie de l'archipel, mais les croisières qui proposent ce circuit nord sont rares. Il faut savoir que Genovesa est à environ 8 heures de navigation de Santa Cruz (navigation de nuit).

# AUTRES ÎLES

## Marchena - Bindloe ★

115 km². Altitude 340 m. Principale île de la partie nord de l'archipel, Marchena est inhabitée et ne présente pas un grand intérêt au niveau de la faune. Seuls y volent quelques éperviers et des colonies d'otaries s'y sont établies. Cependant ses paysages semi-désertiques et ses plages de sable noir lui donnent un aspect singulier. Les débarquements y sont assez difficiles et se font en général sur les plages du sud-ouest. L'île habitée la plus proche est celle de Santa Cruz.

## Pinta - Abingdon ★

60 km². Altitude 750 m. Elle porte le nom d'une des caravelles du découvreur du Nouveau Monde. Totalement isolée au nord de l'archipel (et de l'île de Marchena), cette île inhabitée est rarement visitée. Elle fut autrefois peuplée de chèvres qui ont provoqué la disparition des tortues terrestres qui y vivaient. Un seul spécimen de tortue a été sauvé, Lonesome George, et il vit aujourd'hui à la station Darwin de Puerto Ayora sur l'île de Santa Cruz. Aujourd'hui plus que centenaire, la tortue est une star locale. On lui présente désespérément des femelles pour assurer sa descendance, mais ce Monsieur s'obstine à faire le difficile... Sinon, l'île est connue pour les parois abruptes de ses falaises s'élevant à près de 100 m au-dessus de la mer.

## Wolf - Wenman ★★

1,3 km². Au sud de l'île Charles Darwin, elle-même située au nord-ouest d'Isabela. C'est la plus septentrionale des îles de l'archipel. Elle doit son nom au géologue allemand Franz Theodor Wolf.

n y recense un grand nombre d'oiseaux. Au large, baleines, requins et dauphins se partagent les eaux, ce qui en fait un spot de plongée important.

## Roca Redonda ★★

0,03 km². Doit son nom à sa forme (ronde) rappelant les voiles anciennes. Dans ses eaux vivent requins, baleines et dauphins. Elle est nichée au nord-ouest de l'île d'Isabela et constitue un des lieux de reproduction de la mouette obscure, une espèce d'oiseau marin endémique des îles Galápagos.

## Plaza Sur

0,13 km² (13 hectares). Altitude : 23 m. Elle a été nommée ainsi en l'honneur d'un ancien président équatorien, le General Leónidas Plaza. L'île est idéale pour une excursion d'une journée au départ de Santa Cruz puisqu'elle se trouve en face de sa côte est ; elle est d'ailleurs très visitée. Les iguanes terrestres et marins et les otaries y sont présents, mais on y voit beaucoup d'autres espèces d'oiseaux. Sa flore est aussi remarquable, on notera la présence d'arbres épineux, de cactus. En fonction de la saison, la couleur de la végétation change et passe du vert intense, pendant la saison des pluies, à l'orange en saison sèche.

## Santa Fé - Barrington ★★

24 km². Cette île, située au cœur de l'archipel, est une des plus anciennes et date d'environ 4 millions d'années. Elle fut nommée ainsi en hommage aux capitulations de Santa Fé, signées le 17 avril 1492, jour où Christophe Colomb a été honoré de plusieurs titres. Contrairement à d'autres îles (ou îlots), elle est relativement plate ; son point le plus haut s'élève à 260 m seulement. Elle possède une belle végétation formée de Palo Santo et du cactus géant Opuntia ; de belles plages de sable blanc, peuplées d'otaries, de tortues marines, d'iguanes terrestres, du faucon et du moqueur des Galápagos. Au nord de l'île, une lagune invite au snorkeling. Elle se trouve à 2 heures 30 de navigation de Santa Cruz et 3 heures de San Cristobal.

VISITE

*Ile de Genovesa.*

## Seymour Norte

1,9 km². La vie a proliféré sur cette petite île, située au nord de l'île de Baltra (aéroport), non loin de Santa Cruz. Elle porte le nom d'un noble britannique, Lord Hugh Seymour. Cette île plate (point culminant : 28 m) renferme une basse végétation (túpida). Un sentier d'environ 2 km traverse l'île et permet ainsi aux visiteurs de la découvrir. Elle est habitée par des fous à pattes bleues, des mouettes à queue fourchue, d'otaries, de frégates et de colonies d'iguanes terrestres.

## Rábida - Jervis ★★

4,9 km². Point culminant : 367 m. Au sud de l'île Santiago et au nord-est d'Isabela. Elle porte le nom du couvent auquel Christophe Colomb confia son fils avant d'entreprendre son périple de découverte de l'Amérique. Flamants, pinsons de Darwin, pélicans, petits canards et éperviers constituent l'essentiel de sa faune volante et iguanes de mer se prélassent sur ses plages de sable rouge foncé. En 1971, le service des parcs nationaux de l'Equateur est parvenu à éradiquer les chèvres de l'île. Cette espèce introduite par l'Homme a dégradé l'environnement naturel et causé la disparition de certaines espèces natives comme le gecko, l'iguane terrestre. C'est un site de plongée réputé.

## Pinzón - Duncan ★★

18 km². Altitude maximum : 458 m. L'île de Pinzón, parfois surnommée « île de Duncan », d'après le premier vicomte Adam Duncan. Pinzón est le foyer de tortues géantes (de l'espèce endémique *Chelonoidis nigra duncanensis*) et de lions de mer, entre autres. Un permis spécial est requis pour visiter l'île, qui marque le point central de l'archipel. Dans la zone humide, on notera la présence d'une espèce d'arbre : le Scalesia.

## Daphne Mayor - Daphne Menor ★

Daphne Mayor et Menor sont deux îlots. Daphne Mayor a une superficie de 0,39 km² (soit 35 ha environ). Elles sont situées à l'ouest de l'aéroport de Baltra, au nord de l'île de Santa Cruz. Sur l'îlot principal formé d'un vaste cratère rocailleux vivent de nombreux oiseaux tropicaux et notamment des frégates et des pinsons. Les visites sont limitées, les autorités préférant réserver cette zone à la recherche scientifique. C'est d'ailleurs sur cette île que les chercheurs Peter et Rosemary Grant ont pu étudier le pinson endémique de l'archipel. Leurs découvertes sont rapportées dans un livre *Le bec du pinson* (*El pico del pinzón*) de Jonathan Weiner qui a gagné le prix Pulitzer en 1995.

# PENSE FUTÉ

*Le site inca d'Ingapirca.*

© STEPHANE SAVIGNARD

# PENSE FUTÉ

## Argent

**Monnaie :** La monnaie équatorienne, le sucre, a disparu en septembre 2000 pour cause d'instabilité chronique. La monnaie nationale est désormais le dollar américain.

**Taux de change :** 1 € = 1,07 US$ • 1 US$ = 0,93 €.

**Coût de la vie :** Depuis la dollarisation, le coût de la vie a considérablement augmenté en Equateur, et les pays voisins subissent le même phénomène, notamment le Pérou. Néanmoins, le coût de la vie reste très abordable, étant deux à trois fois moins cher qu'en France.

**Moyens de paiement :** Le paiement en liquide est le plus courant.

**Marchandage :** Le marchandage est une pratique courante sur les marchés d'artisanat et dans les petites boutiques à destination des touristes. S'il est agréable d'obtenir une petite ristourne sur ses souvenirs, un marchandage trop acharné serait déplacé.

**Pourboires :** Les pourboires sont laissés à l'appréciation du client, en particulier dans les petits établissements.

## Bagages

Un voyage en Équateur, c'est toujours plusieurs voyages en un. En conséquence, il faut prévoir une garde-robe diversifiée. Elle sera légère pour la côte et l'Amazonie avec des vêtements de pluie (les cirés sont souvent prêtés par les lodges en Amazonie). Pour la Sierra, il est impératif de prévoir pulls et polaires (et éventuellement gants, écharpe et bonnet), notamment si vous envisagez un trek pour lequel l'équipement de haute montagne est indispensable. Pour les nuits quiteñas, souvent fraîches, une tenue chaude sera également appréciée. Selon les activités sportives, prévoyez des tenues adéquates (chaussures de rando notamment).

## Électricité

Standard américain : 110 volts, 60 hertz, prises à fiches plates. On peut se procurer un adaptateur pour brancher des appareils français, mais ceux-ci ne modifient pas le voltage ! Il convient donc de vérifier sur vos appareils qu'ils sont bien compatibles avec du 110 V, au risque de les endommager à jamais !

## Formalités

Pour les ressortissants français, belges, suisses et canadiens, passeport en cours de validité et valable 6 mois après la date de retour. Aucun visa n'est nécessaire pour un séjour touristique égal ou inférieur à 90 jours (3 mois).

# FAIRE – NE PAS FAIRE



## Faire

**Se montrer courtois,** tout comme les Equatoriens, et saluer les personnes présentes en entrant dans un lieu. Vous nouerez ainsi facilement contact avec une population qui sera ravie de vous conseiller.

**Prendre garde à ses affaires !** Sur les marchés et dans les bus (de nuit particulièrement), ne laissez pas vos affaires sans surveillance. Gardez toujours vos sacs sur vous. Les pickpockets sont nombreux et très rusés, sans compter que les « gringos » sont les meilleures proies.

**Avoir toujours de l'argent sur soi.** Il peut arriver de faire des kilomètres sans croiser un distributeur de billets (notamment aux Galapagos), faites bien attention et soyez prévoyants.

**Essayer de communiquer en espagnol. Puisque l'anglais y est très peu répandu,** et ne serait-ce que quelques mots, il s'agit d'une forme de politesse, montrer que vous faites l'effort. Et cela rendra votre séjour bien plus simple.

## Ne pas faire

**Boire l'eau du robinet.** Préférez l'eau de source, on trouve facilement des bouteilles d'eau de source ou d'eau purifiée.

**Photographier les gens du pays.** Vous les verrez souvent refuser de se faire prendre en photo ou se cacher le visage quand vous pointerez votre objectif, par pudeur et par croyance ancestrale, mais aussi parce que des hordes de touristes n'assistent au marché que pour les « mitrailler » avec leurs appareils... Alors respectez leur volonté. Si vous êtes vraiment désireux de prendre une personne en photo, demandez-lui au préalable avec un grand sourire en prime ; avec un peu de chance, elle acceptera.

**Cueillir des fleurs ou plantes en Amazonie et dans les Galápagos.** D'une part, on risque de mauvaises surprises (insectes, sucs plus ou moins vénéneux), mais c'est surtout interdit ! N'oubliez pas que la plupart de ces espèces sont protégées (et/ou en voie de disparition).

*Plaza de la Independencia, Quito.*

# Langues parlées

L'espagnol est la langue officielle du pays, mais les langues indigènes sont encore très pratiquées (quichua, shuar...). Toutefois, il est extrêmement rare de rencontrer une personne qui ne soit pas bilingue. L'anglais est généralement pratiqué dans les zones touristiques.

# Quand partir ?

La haute saison touristique s'étend de juin à septembre, puis de novembre à fin mars. Les plages de la côte et les Galápagos sont prisées par les vacanciers équatoriens en décembre, en février et en mars. Par ailleurs, de nombreuses fêtes populaires et/ou religieuses ont lieu tout au long de l'année durant lesquels ont lieu des pics touristiques (Semaine sainte en avril, Inti Raymi en juin, Mama Negra en octobre ou novembre, etc.).



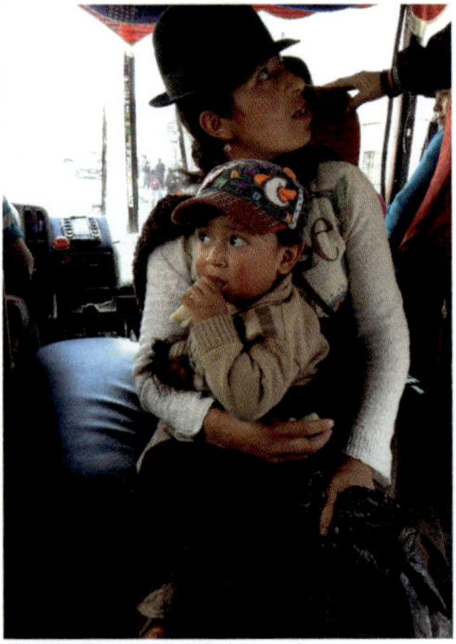

*Une maman et son petit dans un bus aux alentours de Latacunga.*

# Santé

Sur le plan sanitaire, les situations sont très différentes entre la zone côtière, les grandes villes, les régions centrales montagneuses et la forêt amazonienne. Un trekking en haute montagne nécessite une préparation spéciale. Les médicaments sont accessibles dans les pharmacies locales, mais il vaut mieux se munir du minimum indispensable avant le départ. La vaccination contre la fièvre jaune est obligatoire quand on vient d'un pays d'Amérique (ou d'Afrique) où la maladie est présente (Pérou, Brésil, Bolivie...). Elle est également indispensable (même si elle n'est pas toujours obligatoire) pour tous les voyageurs allant dans les régions d'Amazonie. Elle doit être faite au moins 10 jours avant le départ. Les vaccins contre le tétanos, la diphtérie et l'hépatite A (à moins d'être immunisé) sont recommandés. Les plus prudents et les plus aventureux devront y rajouter l'hépatite B, la rage ainsi que la fièvre typhoïde. Planifiez vos vaccinations plusieurs semaines avant le départ.

# Sécurité

L'Équateur est un pays relativement sûr. Cependant, ces dernières années, la délinquance s'est accrue de façon notoire dans un pays où les gens sont plutôt calmes, accueillants et serviables. Aussi, il est déconseillé de fréquenter certains quartiers des grandes villes (Quito, Guayaquil, Esmeraldas) et des centres touristiques (de la côte essentiellement) après la tombée de la nuit. Ne pas hésiter à demander conseil aux patrons d'hôtels, aux restaurateurs (en général ils le font d'eux-mêmes).

## Le paludisme

Le paludisme est endémique au-dessous de 2 000 mètres d'altitude dans les provinces d'El Oro, Esmeraldas, Guayas, Manabi, Los Rios, Morona-Santiago, Napo, Pastaza, Sucumbios et Zamora-Chinchipe. Le risque est plus élevé en Amazonie, et modéré dans les provinces côtières. Il n'y a aucun risque à Guayaquil et Quito, ni dans les villes de la région inter-andine. Traitement préventif conseillé : Mefloquine.

Il faut également être vigilant dans les marchés où d'habiles pickpockets armés de cutters ou juste de leurs mains repèrent les touristes.

- **Voyageur handicapé :** Seuls quelques grands hôtels du pays disposent d'accès et de chambres équipées pour les handicapés.

- **Voyageur gay ou lesbien :** La constitution de l'Équateur interdit toute discrimination fondée sur l'orientation sexuelle. Mais dans les faits, l'homophobie reste présente et les voyageurs homosexuels respecteront une certaine discrétion, surtout dans les régions un peu reculées. Quito et Guayaquil disposent de plusieurs bars et discothèques gay et lesbiens très appréciés pour faire la fête. Les deux villes organisent également une Marche des fiertés gay et lesbienne.

- **Voyager avec des enfants :** Il est tout à fait envisageable de voyager en Équateur avec des enfants en faisant bien sûr toutes les vaccinations recommandées et en prenant éventuellement un traitement antipaludéen. Les hébergements offrent un confort tout à fait correct et l'on peut souvent trouver des chambres familiales. Au niveau des activités, l'Équateur a beaucoup à offrir aux enfants, entre l'observation d'animaux extraordinaires aux Galápagos, les balades dans la Sierra, les activités balnéaires sur la côte.

- **Femme seule :** Une femme voyageant seule en Équateur ne rencontrera pas de problème particulier. Les Équatoriens sont globalement respectueux envers les femmes, et même bienveillants. Bien sûr, celles-ci doivent respecter quelques règles de base (comme éviter de sortir seule le soir et porter une tenue décente dans les lieux les plus traditionnels ; ailleurs, dans les grandes villes, les Équatoriennes n'ont pas de complexes et s'habillent parfois légèrement).

## Téléphone

- **Indicatif téléphonique :** +593

- **Téléphoner de France dans le pays :** + 593, suivi de l'indicatif régional sans le 0 initial + numéro à 7 chiffres (commençant par un 2 pour les fixes).

- **Téléphoner en local :** indicatif régional avec le 0 + numéro local à 8 chiffres.

- **Téléphoner du pays en France :** + 33, suivi de l'indicatif régional sans le 0 initial + numéro à 8 chiffres.

*La nouvelle cathédrale de l'Immaculée Conception à Cuenca.*

# INDEX

## A



## B



## C



## D - E



## F



## G



## H - I

## J



## L



## M



## N - O



## P

## Q



## R



## S



## T



## V



## W – Z

## EDITION

**Directeurs de collection et auteurs :** Dominique AUZIAS et Jean Paul LABOURDETTE

**Auteurs :** Antoine RICHARD, Camille RENEVOT, Mélanie DES MONSTIERS, Stéphanie POLI, Stéphane SAVIGNARD, Jean-Paul LABOURDETTE, Dominique AUZIAS et alter

**Directeur Editorial :** Stéphan SZEREMETA

**Rédaction Monde :** Patrick MARINGE, Caroline MICHELOT, Morgane VESLIN, Pierre-Yves SOUCHET, Leena BRISACQ, Hector BARON

**Rédaction France :** François TOURNIE, Perrine GALAZKA, Talatah FAVREAU, Bénédicte PETIT

## FABRICATION

**Responsable Studio :** Sophie LECHERTIER assistée de Romain AUDREN

**Maquette et Montage :** Julie BORDES, Élodie CLAVIER, Sandrine MECKING, Delphine PAGANO et Laurie PILLOIS

**Iconographie et Cartographie :** Audrey LALOY

## WEB ET NUMERIQUE

**Directeur Web :** Louis GENEAU de LAMARLIERE

**Directeur technique :** Lionel CAZAUMAYOU

**Chef de projet et développeurs :** Jean-Marc REYMUND, Cédric MAILLOUX, Florian FAZER et Anthony GUYOT

**Community Manager :** Cyprien de CANSON

## DIRECTION COMMERCIALE

**Directrice des Régies :** Caroline CHOLLET

**Responsable Régies locales :** Michel GRANSEIGNE

**Relation Clientèle :** Vimla MEETTOO et Sandra RUFFIEUX

## REGIE NATIONALE

**Chefs de Publicité :** Caroline AUBRY, François BRIANCON-MARJOLLET, Perrine DE CARNE MARCEIN, Caroline GENTELET, Florian MEYBERGER, Caroline PREAU

## REGIE INTERNATIONALE

**Chefs de Publicité :** Jean-Marc FARAGUET, Guillaume LABOUREUR assistés d'Elisa MORLAND

## DIFFUSION ET PROMOTION

**Directrice des ventes :** Bénédicte MOULET assistée d'Aissatou DIOP, Alicia FILANKEMBO

**Responsable des ventes :** Jean-Pierre GHEZ assisté de Nathalie GONCALVES

**Relations Presse-Partenariats :** Jean-Mary MARCHAL

## ADMINISTRATION

**Président :** Jean-Paul LABOURDETTE

**Directeur Administratif et Financier :** Gérard BRODIN

**Directrice des Ressources Humaines :** Dina BOURDEAU assistée de Sandra MORAIS

**Responsable informatique :** Pascal LE GOFF

**Responsable Comptabilité :** Valérie DECOTTIGNIES assistée de Jeannine DEMIRDJIAN, Oumy DIOUF, Christelle MANEBARD

**Recouvrement :** Fabien BONNAN assisté de Sandra BRIJLALL

**Standard :** Jehanne AOUMEUR

## CARNET DE VOYAGE EQUATEUR 2016

ÉDITIONS DOMINIQUE AUZIAS & ASSOCIÉS©
18, rue des Volontaires - 75015 Paris
Tél. : 33 1 53 69 70 00 - Fax : 33 1 53 69 70 62



Imprimé en France par
IMPRIMERIE CHIRAT - 42540 Saint-Just-la-Pendue
Dépôt légal : 04/06/2016
ISBN : 9782746999343



**Pour nous contacter par email, indiquez le nom de famille en minuscule suivi de @petitfute.com**
**Pour le courrier des lecteurs : country@petitfute.com**



**IMPRIMÉ EN FRANCE**

PEFC™
10-31-1895
**Certifié PEFC**
Ce produit est issu de forêts gérées durablement et de sources contrôlées.
pefc-france.org